KB047341

부의
운
밸런스

The Balance of Rich and Luck
돈, 운명을 내 것으로 만드는
다섯 개의 힘
부의
운
밸런스
운은 타고난 것이 아니라
내가 만드는 것이다!
엄서영 지음
서사원

지금 내가 처한 환경이 싫다면

내 운을 틔워줄 에너지의 흐름을

바꿔야 한다.

자, 지금 행동할 것인가.

기다리기만 할 것인가.

선택은 당신 손에 달려 있다.

✦ Prologue

타고난 운을 역전시키다

내가 어떤 사람인지 알아야
부와 재물을 잡을 수 있다.

누구나 살면서 가장 행복했던 시간이 있을 것이다. 나의 경우는 중학교와 고등학교를 다녔던 시절이다. 아이러니하게도 그때는 중장비 회사를 운영하던 아버지의 사업 실패로 가난했던 시기였다. 연탄 한 장을 아끼려고 여섯 식구가 한 방에서 이불을 돌돌 말고 추위를 견뎠고, 아침저녁은 빨간색 전기쿠커에 라면을 끓여 밥을 말아 먹으며 허기를 채웠다. 하루아침에 끼니를 걱정하게 된 그 어려운 시절이 왜 행복으로 다가왔을까?

그로부터 4년 후 우리 가족은 집 안의 모든 수납장에 현금을 채울 정도로 돈벼락을 맞았다. 나는 이 성공이 단지 아버지의 성실함만으로 일궈낸 결과라고 생각하지 않았다. 가난을 탓하지 않고 배려와 희망의 에너지로 채워나간 가족이 있었기에 가능한 결과였다. 우리 가족을 감싼 긍정적 에너지는 힘든 시간을 견뎌내고 운으로 부를 만든 원동력이 되었다. 그 경험은 그동안 막연하게 생각했던 운 밸런스 법칙을 깨닫게 해주었다.

'에너지가 바닥났구나!'라고 느낀 적이 있었는가? 누구에게나 그동안 해왔던 일이 잘 풀리지 않고, 손대는 것마다 잘못되고, 삶의 목적과 목표, 인간관계 등이 내 뜻대로 흘러가지 않고, 사는 게 무의미해져 주저앉고 싶어질 때가 있었을 것이다. 속도는 느리지만 뚜벅뚜벅 제 갈 길 걸어가는 사람의 발걸음이 부럽기도 하고, 금수저를 물고 태어나 스포츠카를 타고 빠르게 목표를 향해 달리는 사람도 부러웠을 것이다. 다시 힘을 내고 싶어 애쓰다가 어느 날은 '에너지가 생긴 것 같다'고 느끼는 날도 있을 것이다. 그런 날은 자신감에 차 그동안 생각지도 못했던 말이나 행동을 서슴없이 하게 된다.

에너지란 이렇게 나를 움직이게 만들며 내가 설정한 목표로 나를 끌고 간다. 동기부여, 체력, 의지 등이 모두 에너지에서 비롯된다. 사람은 누구나 저마다의 에너지를 가지고 태어난다. 에너지가 고갈된 채 태어나는 사람도 있고, 온몸 가득 에너지를 충전한 채 태어나는 사람도 있다. 그럼 이들의 삶이 다를까? 단순하게 생각하면 출발선이 다르니 결승선에 통과하는 속도도 다를 수 있다. 하지만 가득 채워진 에너지만으로 결승선까지 간다는 보장도 없고, 바닥난 에너지가 영원히 채워지지 않는다는 원칙도 없다.

그럼 에너지가 바닥난 채 태어난 사람은 어디에서 에너지를 채워야 할까? 에너지는 우리가 생활하는 공간, 만나는 사람, 옷, 액세서리, 음식 등 아주 사소한 것에서 얻을 수 있다.

사람을 만나며 활력을 얻는 사람이 있다. 어떤 이는 사람이 많은 곳에 가면 기가 빨린다고 말한다. 조용한 곳에서 휴양하는 사람이 있는가 하면 시끌벅적한 파티가 열리는 곳에서 신나게 놀아야 비로소 쉬는 느낌을 받는 사람도 있다.

어느 날 기분 전환을 위해 산 옷과 바꾼 헤어스타일이 묘하게 나와 어울리지 않아 어색하고 주눅든 경험이 있을 것이다. 반대로 잘 어울렸을 때는 고개를 빳빳이 들고 없던 자신감도 생겨 매사 거침없이 당당하게 행동한 적도 있을 것이다.

에너지란 이렇게 나의 성격, 행동에 영향을 준다. 이런 에너지를 다스릴 줄 알면 심신에 안정감이 깃들어 하는 일에도 큰 영향을 주게 된다. 나아가 막혀 있던 운이 트이면서 그동안 보이지 않던 부와 명예를 얻을 수 있다.

이 책에서 말하는 에너지는 사주에서 말하는 물, 불, 흙, 나무, 금(쇠)을 가리킨다. 모든 사람이 이 다섯 가지 에너지를 손에 꼭 쥐고 태어나지 않는다. 어떤 이는 물 에너지가 없거나 부족하고, 어떤 이는 너무 넘치기도 한다. 다섯 가지 에너지가 조화로울 때 운이 트이는 법인데 그렇지 않으니 '나는 운이 없는 사람'이라고 착각하기 쉽다. 운이 좋은 사람으로 가는 열쇠는 '에너지 밸런스'

에 있다.

최근 강남의 한 필라테스 스튜디오를 운영하는 대표를 만났다. 그분은 물 에너지가 가득한 차분하고 지혜로운 사람이었다. 하지만 불 에너지가 턱없이 부족했다. 물과 불의 균형을 맞춘다면 지금보다 더 좋은 운을 만날 수 있겠다 싶어 그가 운영하는 스튜디오를 불 에너지가 돋보이도록 인테리어해주었다. 인테리어가 막 끝난 당시에는 코로나로 어려운 상황이었음에도 오픈 당시부터 많은 문의와 회원이 들어왔고, 개업 1년이 되어가는 지금은 스튜디오를 확장할 계획을 세우고 있다. 단순히 위치가 좋아서라고 하기엔 제약이 많았다. 하지만 내가 말하는 에너지의 긍정적인 부분을 잘 받아들인 대표님의 마인드와 에너지 밸런스를 고려한 인테리어가 시너지를 일으켜 좋은 결과가 있었고, 앞으로도 이 스튜디오는 승승장구할 것이 눈에 빤히 보였다.

나는 인테리어 디자이너로 30년을 일했다. 처음에는 고객에게 의뢰받은 대로 실내 공간을 만들어주었지만, 우연한 계기로 사주를 공부한 이후에는 고객의 에너지를 보고 그가 가장 많이 머무르는 공간을 다섯 가지 에너지 밸런스에 맞게 컨설팅해주고 있다. 단순히 아름답게 꾸미는 데 초점을 맞추는 게 아니라 의뢰인이 필요한 에너지를 얻고, 이로써 새로운 자신을 꿈꾸고 진정한 삶의 목표를 찾는 데 도움이 될 공간을 만드는 것이다.

가끔 친밀해진 사람들에게는 인테리어를 넘어 전반적으로 운을 더 틔울 수 있도록 이런저런 조언을 해주기도 한다. 이렇게 연을 맺은 사람들은 지속적으로 인테리어를 맡기거나 다른 고객을 소개해주기도 한다. 운이 트이는 길로 나아가게 해주는 힘 때문에 나를 찾는 거라고 생각한다.

가끔 직업에 회의감도 들었다. 하지만 공간, 사람, 에너지를 경험한 지금은 이 일을 놓을 수 없는 답을 찾게 되었다. 사람에게 주어진 고유한 에너지와 그 사람에게 맞는 에너지의 조합을 찾아내고, 그 시너지로 만들어내는 새로운 세상과 삶에 대한 기대는 이 책을 쓰면서 더욱 구체화되었다.

에너지를 조화롭게 운용해 운을 만들고 싶다면 무엇보다 자기 자신을 똑바로 알아야 한다. 내가 어떤 성향의 사람이고, 어떤 것을 좋아하며, 어떤 것을 싫어하는지 아는 순간 나의 운이 시작된다. 평생 내가 어떤 사람인지 모르고 사는 사람도 있다. 내가 만들어가야 하는 운이 무엇인지 숨겨진 나를 읽을 수 있다면 당신의 운과 부는 생각이나 노력만 하다 끝나는 결과가 아닌 자연스럽게 주어질 진정한 운이 될 것이다.

운과 부를 찾고 있는가? 그렇다면 내게서 시작되는 에너지의 밸런스에 집중해보자. 당신이 그토록 찾던 운과 부 역시 당신을 찾아 헤매고 있었다는 것을 알게 될 것이다. 이제 적극적으로 나의 에너지와 흐름을 읽고, 부족한 운과 부를 얻기 위해 비밀의 문을 열고 들어가보자. 그렇게 된다면 이 책에서 말하는 것들이 '믿고', '안 믿고'의 문제가 아닌 '하고', '안 하고'의 문제가 될 것이다.

하나의 새로운 것이 세상에 나오기까지 많은 사람의 수고와 노력이 함께한다. 결코 나 혼자서는 쓰지 못했을 이 책이 나오기까지 많은 조언을 아끼지 않고 끝까지 물심양면으로 도움을 준 퍼블루션의 박은정 대표와 서사원의 장선희 대표님, 정시아 팀장님, 그리고 나의 언니 엄애란에게 고마움을 전한다.

2022년, 에너지 가득한 곳에서 엄서영

Contents

열정의 화신 불 에너지로 밸런스 맞추기

에너지의 연결고리 흙 에너지로 밸런스 맞추기

시작을 상징하는 나무 에너지로 밸런스 맞추기

결실과 의리의 상징 금 에너지로 밸런스 맞추기

The Balance of Rich and Luck

운이 좋은 사람, 운이 나쁜 사람.

운의 크고 작음은 나의 에너지 밸런스가 결정한다.

지금부터 운이란 무엇인지, 밸런스란 또 무엇인지,

그 신비로운 균형을 어떻게 이룰 수 있는지 확인해보자.

PART
1

부는
운 밸런스가
결정한다

부와 운의 관계

운으로 어떻게 부를 이룰 수 있는가?

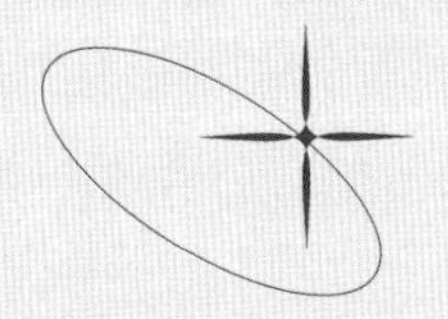

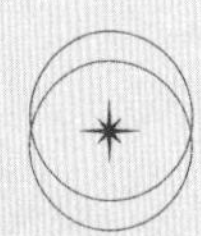

운이란 무엇일까?

운은 당신 주위를 맴돌고 있다

당신은 '운'이 무엇이라고 생각하는가? 지난 밤 꿈에 나타난 로또 1등 당첨 번호? 업그레이드된 비행기 좌석? 공짜로 생긴 커피 쿠폰? 그 어떤 일이든 운에는 우리를 기분 좋게 만드는 힘이 있다. 운은 일이 잘 풀리는 것, 내가 원하는 대로 계획이 진행되는 것 등 긍정적이고 기분 좋은 상태를 의미한다.

2016년은 내게 운이 좋은 해였다. 생각만 하고 실천에 옮기지 못했던 대학원 공부를 시작할 힘이 생겼고, 연말에는 스타벅스에서 1년 동안 어떤 음료든 매일 한 잔씩 공짜로 마실 수 있는 쿠폰에 당첨되어 주위의 부러움을 샀다. 사실 이 당첨에는 재미있는 에피소드가 있다. 스타벅스 채널에서 사연을 받고 20여 명을 추첨해 1년 동안 매일 음료 한 잔을 마실 수 있는 쿠폰을 주는 이벤트를 열었다. 그런데 당첨자가 발표되는 시점에 착오가 있었다며 커피 쿠폰 한 장을 주는 것으로 슬쩍 내용을 바꾼 것이다. 이에 화가 난 한 당첨자가 법적 대응을 했고, 승소하면서 가장 비싼 음료값을 기준으로 보상을 받게 되었다.[1] 이벤트에 당첨되었던 나도 덩달아 혜택을 받았다. 당시에는 이것이 그리 큰 행운이라고 생각하지 못했지만, 지금 생각해보면 노력 없이 누군가의 도움으로 큰 혜택을 받았다는 게 대단한 운이었던 것 같다.

그러자 이런 궁금증이 생겼다. 내가 얻은 일련의 행운은 우연이 아니라 필연이었을까? 운은 정말 존재할까? 운을 눈으로 본 사람은 없다. 하지만 어떤 일에 성공한 사람들은 "운이 좋았다."라며 좋은 결과를 운 덕분이라고 말한다. 반대로 어떤 일에 실패한 사람들은 "운이 나빴다."라며 좋지 않은 결과를 운 탓으로 돌린다. 좋은 결과든 나쁜 결과든 운이 우리 곁에 있는 건 확실하다.

베스트셀러였던 『시크릿』[2]이란 책이 있다. 이 책은 전 세계 인구의 단 10퍼센트만이 전 세계 부의 85퍼센트를 소유한다고 말하며 10퍼센트의 상류층이 부를 얻는 방법을 '끌어당김의 법칙'으로 설명한다. 끌어당김의 법칙이란 우리가 무언가를 '바라고-그리고-믿을 때' 우주 에너지가 염원하는 것을 우리 손에 쥐어준다는 법칙이다. 운도 이와 같다. 우주를 떠도는 긍정적이고, 발전적인 에너지를 이용한다면 부와 성공을 만들어낼 수 있다.

모든 살아있는 것은 에너지로 이루어져 있으며, 그 에너지를 활용해 우리가 원하는 것들을 이룰 수 있다. 내가 원하는 것을 몸과 마음에 받아들이는 것이다. 뒤에서 이야기하겠지만 타고난 나의 '오행 에너지'를 보충하고, 덜어내고, 채우는 모든 일련의 행위는 '에너지의 흐름'과 연결된다.

에너지는 항상 흐르기 때문에 운은 완성형이 아니라 현재진행형이다. 일생에 한 번 올까 말까 한 큰 운을 잡았더라도 그것이 영원히 내 곁에 머물지는 않는다. 지금까지 "운이 좋다."라고 말할 만큼의 사건이 없었더라도 운이 내 곁에 없는 건 아니다. 운의 흐름을 알아보고 내 것으로 만들 수 있다면 좋은 일은 크게 맞이하고, 나쁜 일은 작게 보낼 수 있기에 삶은 운에 대해 알기 전보다 안정적이고 여유로워질 것이다.

이 책에는 운의 흐름과 운이 움직이는 시기를 알아채는 방법 등 성공으로 가는 길을 담았다. 이 길을 따라 자신만의 운을 만들어낼 의지를 다졌다면 당신은 이미 운 앞에 들어선 사람이란 걸 기억하자.

운을 바꾸는 사람들

운을 바꾸는 세 가지 방법

보통 애써 노력하지 않아도 큰 결과를 얻게 되는 운을 '하늘의 선물'이라고 표현한다. '진인사대천명盡人事待天命'처럼 할 일을 다 하고 하늘의 명을 기다린다는 운명론도 있다. 이런 것만 보면 운이란 하늘이 내려주는 '운명'이라고 생각할 수 있다. 틀린 말은 아니다. 그러나 정해진 대로만 살아야 한다면 삶은 무미건조하고 의미가 없어진다. 그래서 인간은 신을 숭배하고 존중하는 한편, 스스로 삶의 주인으로서 주어진 운명을 개척하고 자신이 원하는 방향으로 삶을 완성하기 위해 노력한다. 운運에는 '돌다', '돌리다', '회전하다', '운전하다'라는 뜻 이외에 '천체의 궤적'이란 풀이가 있다. 우주가 움직이면서 발생하는 에너지를 '나에게 좀 더 가까이 오게 만든다'는 뜻으로 해석할 수 있는데, 신의 영역이었던 인간의 삶을 우리 스스로 조절할 수 있다는 것이다. 즉, 운명을 주는 것은 하늘이지만 그 주어진 운을 바꾸는 것은 우리의 몫이라는 의미다.

이처럼 하늘의 뜻을 거스르고 스스로 운을 개척하는 방법을 '개운법開運法'이라고 한다. 운은 인생의 핸들을 쥐고 스스로 운전해서 원하는 방향이나 목표로 가야 한다.

개운법에는 세 가지 방법이 있다. 첫 번째는 멀리 이사 가거나 해외로 나가 현재 자신에게 영향을 주는 하늘과 땅을 둘러싼 물리적인 에너지에서 벗어나는 방법이다. 타고난 사주팔자는 평생 영향을 미치며 삶을 지배하는데 그런 환경에서 멀리 달아나 운을 바꾸는 것이다. 두 번째는 결혼, 이혼, 이직을 함으로써 나를 둘러싼 사람의 에너지로부터 벗어나는 것이다. 세 번째는 공부를 하며 자신을 알고, 세상을 보는 혜안을 키워 나에게 필요한 운을 만들어 내는 것이다. 이렇게 개운법으로 바뀐 운은 주변 에너지를 긍정적이고 만족스러운 상태로 만들어 경제적 자유와 행복감을 가져다 준다.

개운법으로 운을 바꾼 지인이 있다. A는 알뜰살뜰 살림을 꾸리는 완벽한 전업주부였다. 회계사인 남편 덕분에 경제적인 문제도 없고, 둘 사이도 좋아 많은 사람의 부러움을 샀다. 그러나 현실은 달랐다. 그녀는 가장 친한 친구에게 결혼 생활이 너무 힘들어 항상 죽고 싶다고 털어놓았다. 경제권이 없던 그녀는 남편에게 터무

니없이 적은 금액의 생활비를 받는 것도 모자라 매달 가계부 검사를 받아야 했다. 게다가 남편은 그녀가 외출하거나 친정 식구들과 만나는 것도 싫어했다. 남편의 간섭과 이중적인 태도에 이혼을 생각했지만 결정을 내리기까지는 쉽지 않았다.

그러던 어느 날, 그녀는 영화를 보며 용기를 얻었다. 사이코패스 같은 남편의 손아귀에서 벗어나 행복을 찾는 주인공에게 몰입해 남편에게 이혼을 요구했다. 당황한 남편은 위자료를 주지 않는 조건으로 그녀와 헤어졌다. 2년 후 그녀는 새 사람을 만나 재혼했고 그와 함께 하루하루를 행복하게 살고 있다고 한다.

이것이 바로 개운법 중 두 번째 방법, 나를 둘러싼 사람들의 에너지를 바꿔 새로운 삶을 사는 것이다. 그렇다고 이혼을 해야 운이 트인다고 해석하면 안된다. 사람은 자신을 둘러싼 주변 사람에게 받는 영향이 절대적이므로 현재 원치 않는 환경에 놓여 있다면 벗어나야 한다. 그래서 자신이 원하는 환경과 사람을 만나 새로운 에너지를 접하며 운을 통해 부를 만들어야 한다.

운을 바꾸고 싶다면 실패를 두려워 마라

개운법을 실천하고 성공한 사람들에게는 하나의 공통점이 있다. 바로 결심, 행동, 노력, 실패를 두려워하지 않는 마음이다. 앞에서 이야기한 주부 A는 남편에게 이혼하고 싶다고 말하기까지 많이 망설였을 것이다. 이혼녀라는 시선도 감내

해야 할 것이고, 오랜 기간 경력이 단절된 상태였기에 돈을 벌 수 있는지도 의문이었을 것이다. 무엇보다 이 선택이 옳은 것인지 아닌지 매일매일 고민했을 것이다. 그녀는 끝내 위자료를 받지 못할지언정 이혼하기로 결심했다. 그리고 새로운 행복을 찾기 위해 끊임없이 노력했을 것이다. 소셜미디어를 이용해서 큰돈을 번 젊은 부자들도 마찬가지다. 그들은 인터뷰에서 잠을 줄여가며 하루 10시간 이상 업무에 몰두하고, 책을 읽고 체력을 키우는 등 성공하기 위한 치밀한 계획을 세워 실천했다고 고백한다.

앞서 말했지만 운이 따르려면 철저한 준비와 중간에 그만두지 않는 노력, 실천력이 있어야 한다. 그렇다고 지금까지 설명한 사람들이 언제 올지도 모르는 운의 거대한 파도를 타기 위해서 이런 행동을 했을까? 나는 아니라고 본다. 그들은 단지 현재 상황을 바꾸기 위해 지금 당장 할 수 있는 계획을 세우고, 결심하고, 행동하고, 끊임없이 노력했을 것이다.

"노력했는데 현실이 바뀌지 않으면 어떻게 하나요?", "노력했는데 실패하면 어떻게 하나요?"라는 의문이 들 수 있다. 이처럼 보장되지 않은 미래는 우리를 두렵게 한다. 행여나 나의 노력이 실패로 돌아갈까 노심초사하기도 한다. 그런 사람들에게 나는 이 얘기를 들려주고 싶다. 내게는 유통업으로 큰돈을 번 B가 있다. 승승장구하던 그는 어찌 된 일인지 갑자기 사업이 망해 사채업자들에게 쫓겨 도피 생활을 하는 신세가 되었다. B의 지인들은 그가 재기하기 어려울 거라며 안타까워했다. 그러던 중 B의 친구 한 명이 그를 찾아가 "1년만 죽었다 생각하고 고생해보자. 너를 기다리는 가족을 위해서라도 힘내라."라고 말했다. 가족이란 말에 정신을 차린 그는 기존의 사업을 새롭게 시작했다. 동시에 아침 운동, 명상, 독서 등을 실천하며 습관으로 만들었다. 그의 루틴은 주변 에너지를 바꾸고 새로운 환경을 조성했다. 그 덕분에 지금은 연 매출 몇백억 원대를 달성하는 중소기업의 오너로 재기할 수 있었다.

유통업을 하던 시기에 B는 목적 없는 삶을 살았다. 잘나가는 사업체의 경영자로서 안락한 삶에 젖어 미래를 대비하지 못했을 것이다. 그러니 실패가 찾아왔을 때 오로지 자신의 처지만 비관하며 시간을 보낸 것이다. 그러나 자신에게 지켜야 할 가족이 있다는 걸 깨닫고, 실패를 딛는 과정에서 전에는 알지 못했던 경험이 그를 일으켜 세우는 자양분이 되었다.

성공하기 위해 노력했음에도 내 뜻대로 되지 않을 수도 있다. 노력하던 중 여러 번 실패가 찾아올 수도 있다. 숱하게 넘어지고 다시 일어서고, 다시 넘어지는 과정을 거치는 동안 과연 우리는 아무것도 얻는 게 없을까? 우리는 매일매일 내 뜻과는 다른 환경과 싸워나간다. 여기에는 자신과의 싸움도 포함된다. 미라클 모닝을 경험하려면 새벽잠과 싸워야 하고, 다이어트를 하려면 맛있는 음식을 포기해야 한다. 이 싸움을 매번 이길 수는 없다. 하지만 실패를 거듭할수록 싸움은 점점 더 쉬워지고 원하는 목표에도 가까워진다. 또한 성공하기 위한 새로운 방법이나 생각을 발견하며 만족감과 성취욕을 쌓아가기도 한다. 이 과정에서 자기 자신을 키우고 단련시키며 다가올 운을 준비한다. 많은 사람이 '실패는 성공의 어머니', '실패는 성공으로 가는 지름길'이라고 말한다. 우리는 실패함으로써 명확하지 않던 인생 목표를 다시 설정하고, 삶의 방향키를 이리저리 돌리며 실패를 벗어나는 법을 온몸으로 배울 수 있다. 승승장구할 땐 얻지 못할 중요한 경험이다.

물론 실패의 시기가 길면 다잡았던 마음이 끝없이 무너져내리기도 할 것이다. 영화배우 박신양이 러시아 유학 시절 자신의 선생님에게 "왜 나는 이렇게 힘든 삶을 살아야 합니까?"라고 물었다. 그러자 선생님은 '인생은 행복보다 불행의 시간이 더 많으며, 힘든 시간까지도 사랑해야만 하는 게 인생'이란 내용의 시 한 편을 추천했다.[3] 삶에는 좋은 날보다 나쁜 날이 더 많지만 그 속에서 원하는 방향으로 운전해갈 수 있는 방법을 찾는다면 행복의 비중을 더 늘릴 수 있다. 어떤 상황에서도 노력하는 삶이야말로 우리가 할 수 있는 최선의 방법이다. 실패와 좌절을 겪으면서도 앞으로 나가는 경험이 있어야 현재 상황을 받아들이고 조율하는 주체성을 견고히 다질 수 있으며, 또 다른 실패가 와도 끄떡없이 넘기는 훈장 같은 굳은살을 가질 수 있다. '아침 해는 가장 어두운 시간이 지나야 뜬다'는 말을 되새기며 내가 원하는 길로 걸어가자. 운이란 주어진 환경을 지배하면서 바라는 것을 얻어내는 것이니까.

에너지의 균형을 맞추면 운과 부를 만들 수 있다

운이란 건강하고 여유롭게 살기 위한 기본권이다. 나는 운을 부르는 마음과 행동의 하나로 '밸런스'를 이야기하고 싶다. 밸런스란 에너지가 막힘없이 흐르는 것을 뜻한다. 우리에게는 이미 운을 부르는 에너지가 있다. 살아있는 모든 생물은 에너지를 갖춘 세포에서 진화해 형태를 만든다. 우리의 몸도 세포에서 진화해 형태를 갖추었다. 따라서 우리는 태어날 때부터 에너지를 갖고 태어난 '에너지의 결정체'인 셈이다. 삶과 운은 이 에너지에 의해 결정된다.

3평짜리 고시원이 전 재산이었던 한 유튜버는 불과 3년 만에 100억 원 대의 자산을 이루었다. 부모님께 임플란트를 해드리고 싶었지만 돈이 없었던 어떤 강사는 돈 버는 방법을 공부한 지 2년 만에 부모님께 임플란트를 해드렸다고 한다. 그들이 가난의 고리를 끊어버리고 운으로 부를 이룬 원동력은 무엇이었을까? 그들이 말하는 부는 무언가를 끊임없이 시도하며 이뤄낸 결과였다. 부를 이루겠다는 생각으로 가득 찬 머릿속에서 공매로 나온 몇십만 원짜리 오토바이 한 대를 사고 이를 불려나가면서 몇억이 되는 부동산까지 취득하는 등 쉼 없이 부를 위해 앞만 보고 달리는 것이다. 또는 우연히 블로그에 매일 글을 쓴 걸 계기로 지금은 온라인 쇼핑몰에서 매달 몇천만 원의 이익을 내는 사람도 있다.

쉽게 얻어진 것 같은 그들의 부에는 끊임없는 자기계발과 노력, 시도들이 있었다. 이 시도는 주변에 흐르는 에너지의 흐름을 바꿨다. 에너지 밸런스가 맞춰지자 새로운 생각과 행동을 하게 되고 이로써 운을 잡고 부를 축적한 것이다. 이렇게 에너지의 흐름을 우리가 스스로 만들고, 관리할 수 있다면 우리가 원하는 운으로 부를 만들어낼 수 있다. 내 안의 에너지가 어떤 상태인지 모르면 부와 직결되는 에너지를 잘 운용하지 못하고 '나는 왜 운이 좋지 않을까?', '나는 왜 이렇게 돈을 벌 기회가 없을까?', '좋은 기회가 온 것 같은데 왜 힘을 발휘하지 못할까?'처럼 부정적인 생각만 하게 된다. 다음 내용에서는 이 에너지의 밸런스와 운에 관계에 대해서 조금 더 자세히 살펴보고자 한다. 이 책에서 말하는 에너지인 사주가 어떻게 서로 연결되는지 알 수 있을 것이다.

사람을 만드는 사주와 오행 에너지

사주를 구성하는 것들

'사주'란 무엇인가? 사주를 설명하기 위해서는 먼저 '역학'이란 단어를 알아야 한다. 역학을 글자 그대로 풀이하면 '바꿀 역易'과 '배울 학學'으로 미래에 일어날 사건과 변화를 미리 알아채서 바꾸거나 고치는 방법을 배우는 학문이란 뜻이다. '사주역학'이란 단어는 여기에서 유래했다.

역학은 다시 '점학'과 '명리학'으로 나눠진다. 점학은 하나의 사건을 두고 각 하나의 괘(점괘)를 뽑아서 설명하는 타로나 주역 이외에도 점성술과 성명학, 기문둔갑 등이 있다. 명리학은 '목숨 명命'과 '다스릴 리理'로 목숨을 다스리는 학문이라는 뜻으로 오행의 생生과 사死에 근거해서 대자연의 법칙으로 미래를 예측한다. 명리학에서는 기본적으로 10년 간격으로 바뀌는 '대운'과 1년 간격으로 변하는 '세운'으로 운세를 본다. '사주명리'란 단어는 여기에서 유래했다. 즉, 사주를 이용해서 명리를 본다는 뜻이다.

송나라의 서자평은 현재 우리가 사용하는 명리학을 학문으로 체계화한 사람이다. 그는 일간(태어난 날)을 기준으로 사주를, 오행의 상생과 상극을 살펴서 팔자를 풀이하는 방법을 창시한 인물이다.

'사주팔자四柱八字'란 한자로 넉 사四, 기둥 주柱, 여덟 팔八, 글자 자字다. 4개의 기둥은 사람이 태어난 해인 '연주', 태어난 달인 '월주', 태어난 날인 '일주', 태어난 시간인 '시주'를 뜻하고, 각각의 기둥은 천간과 지지의 두 글자로 구성돼 총 여덟 글자가 된다. 이

● **사주팔자 표**

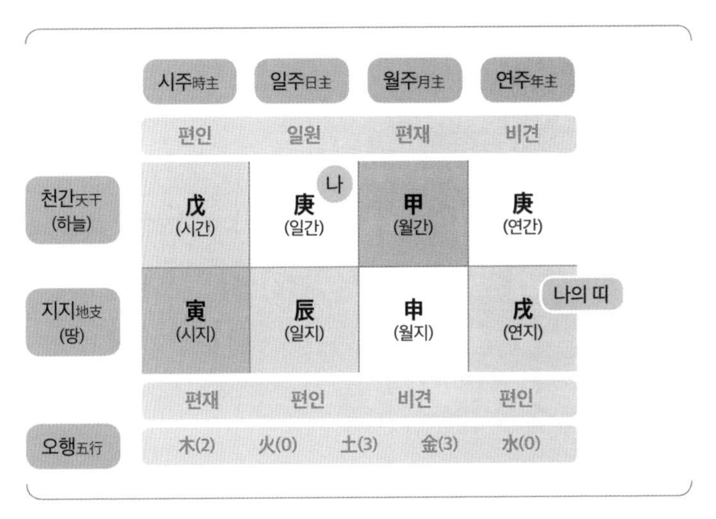

글자들은 연간과 연지, 월간과 월지, 일간과 일지, 시간과 시지이며 모두 합쳐 사주팔자라고 한다.

사주에서는 천간과 지지를 하늘과 땅으로 구분한다. 쉽게 설명하자면 천간은 이미지로 그려지는 무형의 것, 지지는 우리가 머무는 땅에 존재하는 실제적인 것이다. 사과를 예로 들면 천간은 머릿속에 떠올리는 사과의 이미지이며, 지지는 실제 먹을 수 있는 사과인 셈이다.

연지는 자신이 태어난 해의 동물(12지간: 쥐子, 소丑, 호랑이寅, 토끼卯, 용辰, 뱀巳, 말午, 양未, 원숭이申, 닭酉, 개戌, 돼지亥)을 나타낸다.

일간은 나를 상징하는 것으로 온전한 나의 정체성이 반영된 에너지다. 따라서 사주명리에서는 태어난 해보다 태어난 날과 달을 더 중요하게 여기며, 그중에서도 일간과 월지는 가정이나 사회에서 주어진 환경과 그것을 개척해나가는 능력을 나타내는 정보이므로 특히 중요하다.[4]

오행이란 앞의 〈사주팔자 표〉에서 맨 아래에 있는 한자인 나무-불-흙-금-물을 가리키는 다섯 가지 에너지다.

오행 해석하기

● 오행의 기본적인 성질

오행	나무木	불火	흙土	금金	물水
천간	갑甲(+) 을乙(-)	병丙(+) 정丁(-)	무戊(+) 기己(-)	경庚(+) 신辛(-)	임壬(+) 계癸(-)
지지	호랑이寅(+) 토끼卯(-)	뱀巳(+) 말午(-)	용辰(+) 개戌(+) 소丑(-) 양未(-)	원숭이申(+) 닭酉(-)	돼지亥(+) 쥐子(-)
색상	초록색	빨간색	노란색	하얀색	검은색
계절	봄	여름	환절기	가을	겨울
하루	아침	낮	새(사이)	저녁	밤
맛	신맛	쓴맛	단맛	매운맛	짠맛
숫자	3, 8	2, 7	5, 10	4, 9	1, 6
온도	따뜻함	뜨거움	번화함	서늘함	차가움

* 천간과 지지에 있는 (+)는 양 에너지, (-)는 음 에너지를 뜻한다.

천간과 지지는 앞에서 설명한 바와 같이 사주의 여덟 글자 중 각각 윗줄과 아랫줄에 해당한다.

천간은 갑, 을, 병, 정, 무, 기, 경, 신, 임, 계라는 열 글자를, 지지는 12간지로 나타낸다. 또한 각 오행은 음양의 에너지를 포함하며 계절을 상징한다. 나무는 봄, 불은 여름, 금은 가을, 물은 겨울이며, 흙은 환절기에 해당한다. 봄과 여름을 상징하는 나무와 불은 오행에서도 양의 에너지, 가을과 겨울을 상징하는 금과 물은 음의 에너지에 속한다.

천간과 지지에 있는 글자를 보면 (+)와 (-)가 표시되어 있다. 이는 양과 음 에너지를 나타낸 것으로 음과 양의 조화를 보는 사주에서 빼놓을 수 없는 정보다. 양 에너지는 활동적이고, 진취적인 리더의 기질을 가지고 있다. 이와 반대로 음 에너지는 소극적이지만 책략가 기질이 있다고 본다. 일간에 있는 두 글자가 양 에너지인지 음 에너지인를 본다면 자신의 기질을 가늠할 수 있다. 각 오행에는 양과 음을 나타내는 글자가 한 개씩 있지만, 흙은 각 오행을 연결하므로(환절기 같은 역할) 지지에 음과 양의 글자가 하나씩 더 들어가 있다. 그럼에도 해석은 위와 같으니 참고하기 바란다.

오행 에너지는 색과 방향, 오감과 신체 기능과도 밀접하게 연결되어 있다. 자신의 오행 에너지를 알고, 에너지의 원리에 삶을 대입해보면 놀랍게도 일치하는 부분이 발견된다. 나 역시 사주명리를 공부하면서 그동안 몰랐던 여러 가지를 알게 되었다. 예를 들어 어릴 때부터 매운 것을 잘 못 먹었던 이유가 사주에 금 에너지가 없는 무금 사주이기 때문이거나 스트레스를 받으면 물가를 찾아 마음을 진정하며 열기를 식힌다는 것 등이었다. 반면에 흙 에너지가 많아 태열과 아토피를 앓았으며 인생의 여러 사건 사고의 원인도 알게 되었다.

● 오행의 상생과 상극 관계

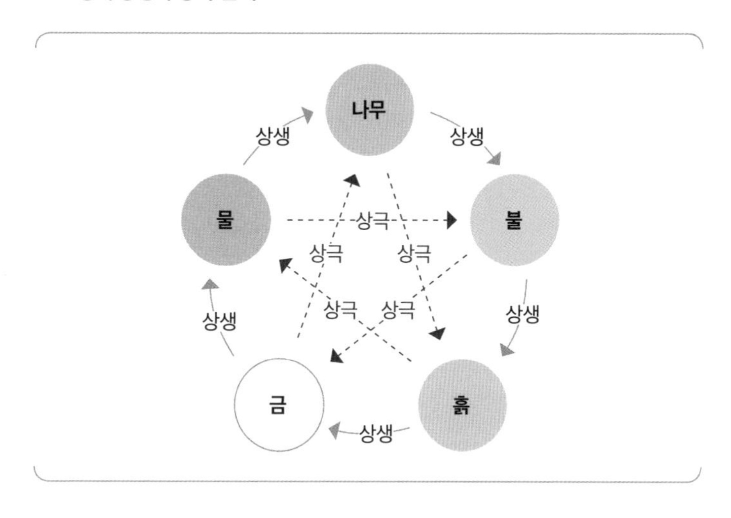

〈오행의 상생과 상극 관계〉를 나타낸 그림을 보면 오행은 나무-불-흙-금-물로 연결되면서 순환한다. 이 순환을 주변에서 흔히 볼 수 있는 물질의 원리로 설명한 〈오행의 상생과 상극 정리〉 표를 참고해보자. 나무가 불의 땔감이 되면 불은 흙에 온기를 주고, 흙은 땅속에서 딱딱한 바위를 만들어 그 바위 사이에서 물이 나오게 하며, 그 물은 나무를 키운다. 이렇게 오행은 순환하며 사주팔자의 흐름과 연결된다.

● **오행의 상생과 상극 정리**

오행의 상생	
목생화	나무는 자신을 태워 불을 살려낸다. (난로에 나무를 넣어 불을 피운다.)
화생토	불은 재로 남아 흙의 기운을 북돋운다. (재는 흙 속 영양분이 된다.)
토생금	흙에서 금을 만든다. (광산에서 금을 캐낸다.)
금생수	바위에 물이 고인다. (바위 틈에서 물이 생긴다.)
수생목	물이 있어야 나무가 살 수 있다. (물이 없으면 나무는 죽는다.)

오행의 상극	
목극토	나무는 흙 속 영양분과 수분을 빼앗는다. (나무는 흙 속의 영양분이 필요하다.)
토극수	흙은 물의 흐름을 막거나 바꾼다. (제방이나 둑으로 물을 가두거나 이동과 흐름을 조절한다.)
수극화	물은 불의 기운을 식히거나 불을 끌 수 있다. (물로 불을 끈다.)
화극금	불은 쇠를 녹여 원래의 모양을 바꾸거나 없앤다. (불은 금을 녹인다.)
금극목	쇠는 나무를 잘라 죽일 수 있다. (도끼로 나무를 벤다.)

오행은 사주팔자를 기반으로 지금의 내 모습을 만든다. 사주명리의 생년월일시는 나와 타인의 관계를 의미하기도 한다. 나와 조상과의 관계를 나타내는 생년年, 부모와의 관계를 나타내는 생월月, 나와 배우자의 모습인 생일日, 마지막으로 자식과의 관계를 나

타내는 생시時로 시간의 흐름이다. 이것은 다시 청년기, 중년기, 장년기, 노년기와 같은 삶의 주기를 나타내기도 한다. 이 여덟 글자 속 오행의 상생과 상극의 관계에서부터 시작된 불균형은 삶의 희로애락과 우리의 천성과는 다른, 환경에 따라 변화된 나의 모습을 만든다.

이처럼 오행 에너지는 태어날 때부터 주어지는 운명이다. 절대 바뀔 수 없는 사주팔자의 여덟 글자와 조합되어 서로를 생(살리고)하고 극(죽이며)하며 각자의 삶에 영향을 준다. 초년, 청년, 중년, 말년의 흐름을 거쳐 죽음에 이르는 인생의 주기에 사주팔자와 오행 에너지가 어떤 영향을 주는지 알아둔다면 더 행복한 인생을 살아가는 데 도움이 될 것이다.

명리학에 관한 인식의 변화

명리학은 시대를 거치며 통계학으로 모습을 갖췄지만 정리되지 않은 해석 방식과 강의로 점성술이나 무속과 비슷하게 변질되었다. 하지만 최근 많은 사람의 노력과 시대적인 변화로 자신을 분석하거나 미래를 예측해 오늘의 나를 바꾸는 도구가 되었다. 또한 여러 가지 분야와 접목해 새로운 학문으로 확장되기도 했다.

심리학 분야의 베스트셀러인 『나는 까칠하게 살기로 했다』[5]의 저자인 양창순 박사도 『명리심리학』[6]이란 책을 출간했다. 정신의

학과 의사인 그녀가 정신의학에 타고난 기질을 탐구하는 명리학을 엮어 개인의 삶을 입체적이고 완벽하게 해석한 것이다. 그녀는 책에서 환자들 가운데 이 방식을 적용해 효과를 나타낸 사례를 재구성해 설명했다.

양창순 박사의 명리학은 정신의학과의 한계에서 비롯되었다. 어느 날, 한 30대 여성이 양창순 박사의 병원을 방문해 상담 내내 그날 본 사주에 대해 이야기했다. 그곳에서 그녀가 머지 않아 죽는다고 말했다는 것이다. 그 말을 믿은 상담자는 정신과 치료에도 집중하지 못하다가 나중에는 결국 발길을 끊어버렸다. 만약 그날 정신과적인 접근이 아닌, 명리학적인 접근으로 상담을 했다면 그 여자의 삶은 새로운 방향으로 전개되었을지 모른다. 사주명리는 단순히 지나온 과거를 맞히고 미래를 예측하는 무속신앙이 아니라 현재의 삶을 여유롭고 느긋하게 보내는 방법을 배우는 도구로 재평가받고 있다.

요즘은 심리학, 상담학 등 여러 분야에서 사주명리를 함께 연구한다. 특히 뇌신경과학이나 음악, 색, 향기 테라피 등 사람의 오감과 관련된 행동분석 분야에서 오행 에너지의 키워드를 자주 사용한다. 이렇게 함으로써 환자에게 가장 알맞은 치료나 휴식법을 처방하고 편한 상태를 제공하는 것이다.

운을 만드는 에너지 밸런스

에너지 밸런스가 삶에 미치는 영향

인간에게 주어진 오행 에너지는 서로 조화를 이루고 부딪히며 순환한다. 어느 하나 중요하지 않은 에너지는 없다. 이들이 균형 있게 분포되고 순환할 때 사람은 좋은 환경을 유지하며, 운이 들어올 때 부를 축적하고 운이 약할 때 기회를 잡기 위해 노력하게 된다. 이처럼 고루 순환되는 에너지의 흐름을 '에너지 밸런스'라고 한다.

에너지 밸런스는 '삶의 흐름'이기도 하다. 이를 자연에 빗대면 다음과 같다. 나무가 싹을 틔우고 자라는 데는 흙이 필요하다. 금은 흙 속 무기질과 같은 영양분이다. 물과 적당한 햇볕(불)도 필요하다. 이 중 어느 하나라도 부족하거나 없으면 나무는 제대로 자라지 못한다. 흙, 금, 물, 태양(불)이 충족된 환경에서 자란 나무는 뿌리를 깊게 내리고, 비바람이나 눈보라를 견디며 성장해 열매를 맺는다. 만약 에너지 흐름이 원활하지 않다면 제대로 성장하지 못하거나 병충해를 입어 죽을 수 있다. 인간의 삶도 한 그루의 나무가 성장하는 것처럼 에너지 순환과 밸런스가 중요하다.

에너지 밸런스가 잘 맞는 사람은 매사에 긍정적이고 좋은 성과를 낸다. 그 반대라면 대체로 부정적이며 좋은 성과를 내지 못한다. 간단히 말해 삶이 즐겁다면 밸런스가 좋은 상태, 삶이 괴롭다면 밸런스가 불균형한 상태다.

그렇다면 부와 성공을 누린 모든 사람은 에너지 밸런스가 안정적일까? 아니다. 조화로운 에너지를 가진 채 태어나는 사람은 극히 드물다. 간혹 훌륭한 사주팔자를 갖고 태어났다 하더라도 에너지의 흐름은 매일 들어오는 외부 에너지에 영향을 받아 흔들리고 막힐 수 있다. 오행 에너지가 골고루 잘 흐르는 사람의 삶도 행복하기만 한 것은 아니다. 다만 에너지 밸런스가 불안정한 사람보다 불행은 쉽게 넘기고, 행복은 크게 받아들인다는 점에서 차이를 보인다.

그럼 성공한 사람들은 어떻게 에너지 밸런스를 맞춘 것일까? 우선 자신이 타고난 에너지의 속성을 잘 아는 사람이 대다수다. 설령 모른다 하더라도 불안정한 상태를 안정적인 상태로 바꾸기 위해 본능적으로 행동했을 가능성이 크다. 예를 들어 에너지의 밸런스에 맞게 인간관계를 정리하고, 나에게 맞는 좋은 습관과 환경을 찾아 나서는 등 노력하는 것이다. 이런 행동은 에너지의 흐름을 적극적으로 바꿔놓고, 그 흐름에 운이 들어와 부를 잡을 기회를 준 것이다.

K팝의 전설, BTS의 사주를 본 적이 있다. 멤버들의 일주인 갑목甲木, 을목乙木, 병화丙火, 정화丁火, 기토己土, 신금辛金과 제작자인 방시혁 대표의 일주인 임수壬水가 더해 오행 에너지가 골고루 밸런스를 이루고 있다. 여기에 일곱 명의 멤버들은 대운에서 발생되는 폭발적인 에너지를 등에 업고, 부족한 에너지는 서로 채워주며 밸런스를 맞추고 있었다. 성공하지 않을 수 없는 에너지 흐름이었다.

불완전한 오행 에너지의 흐름을 느끼고 안정적으로 바꾸려고 노력한 사람은 운의 변화를 경험할 수 있다. 나아가 원하는 부와 성공을 얻어 누구나 부러워하는 운이 좋은 사람이 될 수 있다. 만약 당신의 삶의 목표가 행복이고, 그것을 이루는 방법이 운으로 부를 만드는 것이라면 반드시 오행의 에너지 밸런스를 중요하게 생각해야 한다.

에너지 밸런스가 깨졌을 때 나타나는 현상

에너지 밸런스는 여러 외부 요인에 영향을 받아 흐름이 깨질 수 있다. 그럼 에너지 밸런스의 흐름이 깨졌을 때 어떤 현상이 나타날까?

일전에 초등학교에 막 들어간 딸과 5살 아들을 둔 엄마에게 인테리어를 의뢰받은 적이 있다. 그녀의 아들은 아토피를 심하게 앓고 있어서 집을 황토로 리모델링하고 싶다고 말했다. 나는 아이가 왜 아토피를 앓고 있는지 오행 에너지부터 알아보았고, 아들은 흙과 불의 에너지가 강했다. 일간이 무토戊土로 건조한 태산의 기운이 강했고 연간과 월간, 시주 역시 전체적으로 흙과 불의 기운이 강했다. 건조하고 뜨거운 에너지 때문에 열감이 많고 외부 환경에 민감한 체질을 가지게 된 것이다. 엄마의 체질에도 일부 영향을 받은 것 같았다. 몸에 열이 많아 아이는 항상 차가운 것만 찾았고, 배탈이 나기 일쑤였다.

오행 에너지 밸런스로 보면 아이에게는 열감과 건조함을 덜어주는 물과 금의 에너지가 필요하다. 가장 최선의 방법은 물가로 이사하는 것이었지만 남편의 직장 문제로 그럴 수는 없었다. 우선 새집 증후군을 겪지 않게 베이크 아웃을 일주일 정도 꾸준하게 진행하면서 아이의 방을 새로 도배하고, 금속의 소품으로 꾸며주었다. 색 배합은 오행 인테리어에서 부족한 에너지를 보충하는 확실한 방법 가운데 하나다. 아이가 입는 옷도 아이의 에너지와 맞지 않았다. 만화 캐릭터가 그려진 아이 방의 벽지를 밝은 하늘색과 흰색으로, 옷도 빨간색과 노란색 등 열감이 강한 색에서 흰색과 회색 계열로 바꾸고, 침대 프레임은 금속 소재로, 책상 위 액자와 소품 역시 광택이 있는 금속 재질로 선택할 것을 권했다. 마감 상태가 좋은 금속 재질은 안전 문제도 없을뿐더러 공간을 세련되고,

시원하게 만들어준다.

인테리어 공사 이후 다시 방문한 집에서 만난 아이는 표정이 한층 밝아졌다. 어수선했던 집도 지난번과는 달리 차분해졌다. 갑옷을 입었던 것처럼 딱딱했던 아이의 팔다리는 조금씩 나아지고 있었다.

오행 인테리어로 아이에게 부족한 에너지를 만들어준 덕분인지 일주일 동안 열심히 진행한 베이크 아웃 덕분이었는지는 확실하지 않지만, 전반적으로 공간의 에너지가 온화해진 것은 확실했다. 오행 인테리어가 공간의 모든 문제를 해결해주고, 아픈 사람을 낫게 해주지는 않는다. 다만 에너지의 순환 방법을 알고 실행한다면 지금보다 더 나은 환경을 만드는 건 틀림이 없다.

에너지 밸런스는 인간관계에도 영향을 준다. 가까운 지인은 천지의 갑목과 지지의 인목으로 통합 4개의 강한 나무 에너지를 갖고 있었다. 그녀의 강한 에너지는 신금이라는 음의 금 에너지를 가진 남자가 끌렸다. 남자는 모든 일에 앞장서며 자신이 해야 할 일도 도맡아 처리하는 여자가 믿음직스러웠다. 하지만 결혼 후 남자는 여자의 넘치는 자신감과 과감한 행동력이 버겁게 느껴졌다. 남자는 조용히 눈에 띄지 않게 살고 싶었으나 여자는 항상 사람들 사이에서 리더이자 상담가 역할을 맡았다. 이런 에너지 차이가 두 사람 간의 갈등을 불러일으키는 요소로 작용하며 결국 이혼을 고민하는 지경에 이르렀다.

내게 없는 것이 상대에게 있을 때 그것이 매력이 되어 호감을 살 때가 있기도 하고, 때로는 그로 인해 서로 맞지 않는 사이가 되기도 한다. 남녀의 궁합이나 사주팔자를 믿지 않을 수도 있다. 하지만 운과 부를 이루는 핵심에는 사람이 있다는 사실을 늘 명심해야 한다.

운의 시작, 나의 오행 알아보기

나의 오행 에너지 알아보기

'너 자신을 알라' 소크라테스의 철학이 지금까지도 중요하게 여겨지는 건 세상이라는 전쟁터에서 살아남기 위한 가장 강력한 성찰이 담겨 있기 때문이다. 나의 생각과 마음, 취향이나 행동을 가장 잘 아는 사람은 나밖에 없기 때문이다.

나의 오행 에너지는 '만세력'으로 파악할 수 있다. 과거에는 사주를 책으로 분석했지만 요즘은 간편하게 앱을 사용한다. 여기에서는 내가 사용하는 '원광 만세력'이란 앱으로 사주 보는 방법을 설명하겠다. 그 전에 간단한 오행의 기본 원리부터 알아보자.

오행의 기본 원리

오행은 만물의 근원이 되는 자연에 존재한다. 자신의 에너지에 해당하는 오행의 특성을 살펴보면 그 원리를 조금 더 잘 이해할 수 있다. 예를 들어 내가 물 에너지라면 자연에서 보이는 물의 특성을 생각해보면 된다. 물은 위에서 아래로 흐르며 생명의 원천이며 지혜의 상징이다. 바닷물 같은 양의 물, 즉 임수壬水는 탁 트인 편안함을 주지만 홍수 같은 재해로 큰 피해를 주기도 한다. 흐르는 물은 스스로 멈추지 못한다. 그래서 물에게는 흐름을 제어해줄 수 있는 제방 즉, 흙이 필요하다. 물은 익숙하면서도 신비롭고, 비밀스러운 대상이며 그릇에 담기면 그릇의 모양대로, 흐르면 큰 계곡이나 강으로 만나기도 한다. 이러한 자연의 원리는 손쉽게 알 수 있는 오행의 특성이다. 그렇다면 이러한 오행 에너지를 찾고 특성을 파악하는 방법을 자세히 알아보자.

① 앱 검색창에서 '원광 만세력'을 검색해 다운로드한다.

② 다운받은 앱을 실행해 '만세력' 칸을 누른다.

③ 이름, 성별, 생년, 생월, 생일, 생시를 차례대로 적은 뒤 '조회하기' 칸을 누른다.

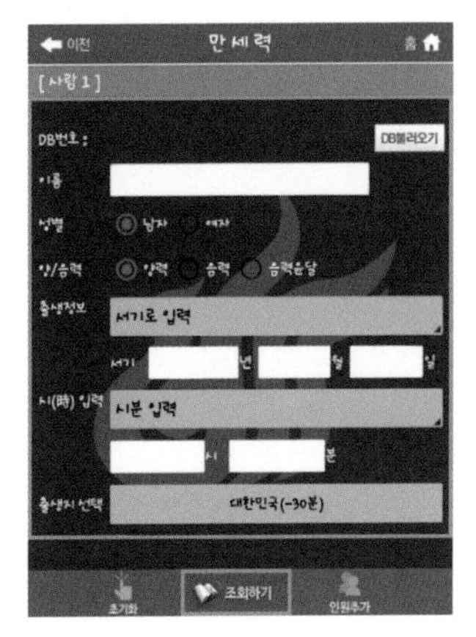

tip 생년월일을 적을 땐 양력인지 음력인지, 달이 윤달인지 체크한다. 윤달이란 현재 쓰이는 태양의 자전주기가 아니라 달의 자전주기에 따라 측정한 날짜로 태양과 달의 자전주기 차이로 생긴 날짜를 중간에 끼워 넣어 시간 차를 맞춘 계산법이다. 생일을 음력으로 계산할 때만 생기므로 양력 개념에서는 몰라도 상관없다. 예로부터 윤달은 '썩은 달'이라고 해서 하늘과 땅의 신이 사람들을 향한 감시를 잠시 멈추는 기간으로 그때는 나쁜 행동을 저질러도 신의 벌을 피할 수 있다고 한다. 그래서 윤달(손없는 날)에는 이사나 이장移葬을 하거나 혹은 수의壽衣를 맞추는 풍습이 있다.

시를 입력할 때는 몇 가지 주의할 사항이 있다. '시 입력'을 누르면 '시분 입력', '간지 입력', '출생 시 불명'의 세 가지 선택 사항이 나온다. 시분 입력은 자신이 태어난 시와 분을 24시간 기준으로 체크하는 것이며, 간지 입력은 시간대별로 나뉜 십이지시 중 하나를 선택하는 것이다. 십이지시의 첫 번째는 조자朝子시(00:30~01:30)이며, 마지막은 해亥시(21:30~23:30)이다. 그런데 이 사이에 한 시간의 간격이 있다. 그러니 23:30~00:30 사이에 태어난 사람은 자신이 태어난 날짜에서 +1을 해서 다음 날로 시간을 선택해야 한다. 예를 들어 12월 30일 밤 11시 45분에 태어난 사람은 그 다음 날인 다음 해 1월 1일이 생일이 되는 것이다.

태어난 나라가 대한민국이 아니라면 '출생지 선택'을 눌러 구글 지도에서 자신이 태어난 곳을 찾아 시차를 확인한다. 미국에서 태어났다면 지도에서 자신이 태어난 곳을 눌러주면 된다.

● **만세력 해석**

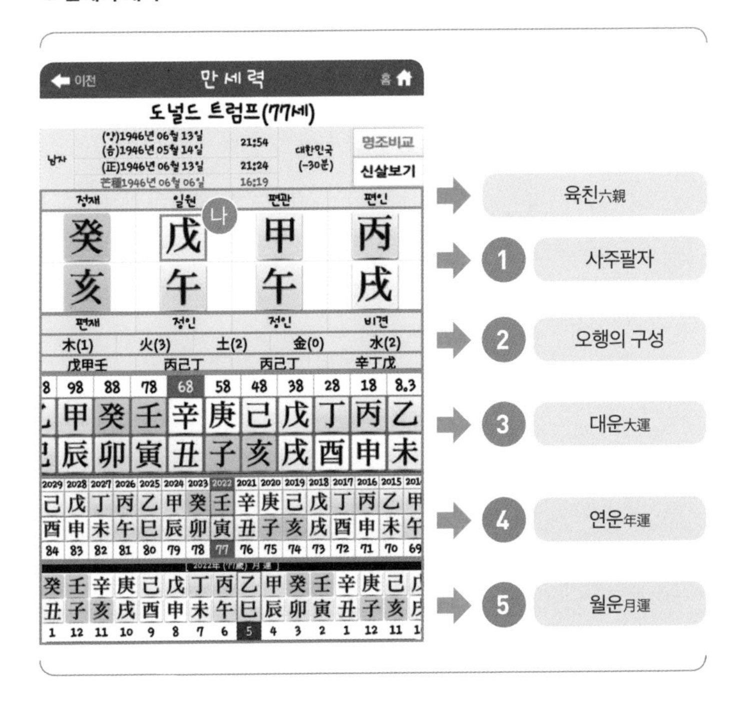

사주팔자

네 개의 기둥과 여덟 글자라는 뜻으로 자신이 태어나면서 갖는 오행이다.

사주팔자 위에 표기된 정재, 일원, 편관, 편인과 아래에 표기된 편재, 정인, 정인, 비견이라는 글자는 오행을 나와 가까운 조부, 부모, 형제, 자식 등의 가족관계로 나타낸 것이다. 육친은 사주팔자를 일간(나) 중심으로 해석하면서 생겨난 개념이다.

예시로 든 도널드 트럼프의 사주는 그의 양력 생일인 6월 14일에 미국과 한국의 시차를 맞추고, 현재 운의 흐름에 맞는 내용을 나타낸 것이다. 그의 사주에서 '일원(나)'이란 글자와 그 아래 '무戊'라고 하는 노란색 바탕에 검은색 글자가 트럼프를 나타내는 에너지다. 이 사주에서 트럼프는 '무토戊土'라는 양 에너지인 흙 에너지다.

오행의 구성

트럼프의 사주 오행은 나무 1개, 불 3개, 흙 2개, 물 2개이며 금은 없다. 즉, 불 에너지가 가장 강하고 물과 흙, 나무가 고르며 금은 없는 무금無金 사주다. 트럼프는 일간인 흙 에너지에서 금 에너지로 연결되지 않으며, 바로 물과 나무 에너지로 흐른다. 흙→금→물→나무→불→흙으로 연결되는 오행의 순환이 잘 이루어지지 않는다는 뜻이다.

흙에서 금을 건너뛰고 물로 순환되는 그의 에너지 순환은 행동이나 태도에 영향을 미친다. 예를 들어 공적인 자리에서도 변덕스럽고, 무례하며 상식적이지 않고 고집 센 모습을 드러내는데 이것이 금이 없는 사람의 특징으로도 분류된다.

각 천간과 지지의 글자는 양과 음의 성질이 있으며 세분화된 양과 음의 성질에 따라 자신의 성격, 직업과 적성, 연애, 혹은 재물이나 기타 여러 가지 삶의 방향을 결정한다.

대운

대운이란 태어나서부터 10년 주기로 바뀌는 운이다. 이는 사람에 따라 1~10 가운데 하나의 숫자로 정해진다. 트럼프의 대운 주기는 13세, 23세, 33세, 43세, 53세, 63세로 뒷자리 수가 '3'으로 끝나는 해에 바뀐다. 천간과 지지로 구성된 대운의 두 글자는 사람마다 차이는 있으나 보통 위 글자 5년, 아래 글자 5년, 총 10년간 운에 영향을 미친다.

트럼프는 68세에 대운이 바뀌면서 '신축辛丑'이란 글자를 갖게 되었다. '신'이라는 금 에너지의 글자가 5년 동안 운에 영향을 주고, '축'이라는 흙 에너지의 글자가 나머지 5년 동안 운에 영향을 준다고 본다. 이 글자는 자신의 원래 사주팔자와 함께 여러 가지 외부 작용으로 결과가 달라지므로 정확하게 보기 위해서는 전문가의 상담이 필요하다.

연운

대운 아래 연운年運이나 월운은 '세운'이라고도 한다. 연운은 자신의 띠에 따라 해마다 돌아오는 운을 말한다. 2022년은 임인년壬寅年으로 '검은 호랑이'의 해다. 임인壬寅은 호랑이띠를 나타내는 글자이며, 호랑이띠라 해도 태어난 해에 따라 검은 호랑이, 흰 호랑이 등 위의 글자에 의해 성격과 성향이 달라진다.

월운

월운月運은 매달 바뀌는 운이다. 달마다 들어오는 오행의 에너지도 달라진다.

일운

이외에도 만세력에는 표기되어 있지 않지만 매일 바뀌는 운으로 일운日運이 있다. 우리가 보통 "오늘 일진이 별로야!"라고 말할 때 쓰는 '일진'이 하루의 운세를 뜻한다.

해석

트럼프는 소통과 연결에 탁월한 흙 에너지로 태어났지만, 불 에너지인 병화丙火와 오화午火가 상대적으로 강하게 발현되어 불 에너지의 영향을 많이 받는다. 불 에너지는 열정과 패기가 가득한데 그의 사업가적 마인드는 이 에너지에서 영향을 받았을 것이다.

하지만 앞서 말했듯 금 에너지의 부재로 인해 구설수에 자주 오르고, 엽기적인 행동을 하고, 안하무인으로 돈을 좇는 행태를 엿볼 수 있다. 비록 대운의 흐름을 타고 미국의 대통령으로 당선되었지만, 그의 전체적인 에너지 흐름과 오행의 특성으로 보았을 때 그가 대통령이라는 직위를 명예보다는 돈을 버는 수단으로 인식한다고 추측할 수 있다.

트럼프는 자신에게 부족한 금 에너지를 풍수로 활용하며 세계에서도 손꼽히는 부동산 재벌이 되었다. 그의 빌딩에는 금 에너지를 채우기 위한 금속 구조물이 많고, 건물의 방향, 형태, 층수 등에서도 이를 보충한 흔적들이 나타난다. 그 채워진 에너지로 오행의 순환을 일으키며 운과 부를 잡고 부동산 재벌이 되었다. 자신의 저서 『트럼프Trump』[7]에서 그는 풍수에 대해 이렇게 말한다.

"굳이 풍수를 믿어야 할 필요는 없다. 그러나 나는 풍수를 이용한다. 풍수가 돈을 벌어다주기 때문이다."

이 말은 트럼프의 성격을 가장 정확하게 반영하는 표현일 것이다.

나의 오행 에너지 풀이하기

사주 오행의 개수로 풀이하기

사주팔자에 나타난 오행 에너지는 앞에서 설명한 것과 같이 앱으로 볼 수 있지만, 한자가 많아 명리학을 공부하지 않으면 해석하기가 쉽지 않다. 이럴 땐 약식으로나마 한자 대신 색으로 에너지를 확인하는 방법이 있다. 각 오행의 색은 31쪽에서 확인할 수 있다.

〈만세력에서 보는 오행의 색〉 표를 보면 일간(나)에 흙을 상징하는 노란색이 칠해져 있다. 그렇다면 나의 주된 에너지는 흙이 되는 것이다. 표에서 이 흙 에너지와 흙과 상생하는 불 에너지가 더 있는지 확인해보자. 그러면 나의 정체성이 얼마나 강한지 판단할 수 있다. 그다음에 나를 극하는 에너지의 개수와 그 에너지의 위치를 본다면 조금 더 정확하게 사주를 판단하게 된다.

● 만세력에서 보는 오행의 색

정재	일원	편관	편인
癸 (시간)	戊 나 (일간)	甲 (월간)	丙 (연간)
亥 (시지)	午 (일지)	午 (월지)	戌 (연지)
편재	정인	정인	비견

木(1) 火(3) 土(2) 金(0) 水(2)

위 표에 나타난 에너지를 보면 불火 3개 → 흙土 2개 → 물水 2개 → 나무木 1개 → 금金 0개로 불 에너지, 흙 에너지, 물 에너지, 나무 에너지 순서로 에너지가 흘러가며 그중 불 에너지가 가장 강하게 나타난다.

연지에 있는 또 하나의 흙 에너지는 일간의 흙 에너지를 북돋워 나의 정체성을 더욱 강하게 만든다. 그다음이 일지, 월지, 연간에 자리하고 있는 3개의 불 에너지다. 강한 불 에너지는 나의 고유 에너지인 흙 에너지를 생(화생토)하므로 나는 더욱 강해진다.

시간과 시지에 있는 2개의 물 에너지는 일지에 있는 불 에너지를 극(수극화)하는 에너지다. 그러면 나의 주된 성향인 불 에너지가 영향을 받을 수 있다. 일간과 가까운 시주, 월주는 나에게 영향을 많이 주고, 연주처럼 멀면 영향이 감소한다. 월간에 있는 나무 에너지는 한 개로 그 영향이 미미하지만, 나의 고유 에너지인 흙 에너지를 극(목극토)한다.

마지막으로 금 에너지가 없는 것은 사회 생활이나 가정에서 자신의 위치나 일의 결과를 만들어내는 데 문제가 될 수 있으므로 반드시 채워 넣어 밸런스를 맞춰야 한다.

각각의 오행 에너지는 뚜렷한 성격을 지니고 있으며 그에 따라 '나'가 만들어진다. 따라서 오행의 성격을 파악하고, 내 사주에 있는 오행의 개수를 살핀다면 나의 에너지 밸런스와 흐름을 정확히 알 수 있다.

각 오행 에너지는 서로 상생하거나 극하며 유기적으로 관계를 맺게 되는데, 특정 에너지가 지나치면 다른 에너지가 부족해지므로 생과 극의 관계를 이용해서 덜어내거나 채워주는 게 좋다.

위치에 따른 오행 에너지로 풀이하기(월지의 비중)

앞에서 이야기한 것처럼 사주팔자에서도 각 글자의 위치에 따라 나에게 미치는 에너지의 비중은 조금씩 다르다. 그중에서도 태어난 달인 '월지'에 나타나는 에너지는 자신이 갖고 있는 원래 에너지의 정체성과 가장 크게 연관되므로 일간(나)의 오행 에너지와의 관계를 중점적으로 본다.

사주명리는 계절학이라고도 할 만큼 열두 달을 각 절기(12절기로 입춘, 경칩, 청명, 입하, 망종, 소서, 입추, 백로, 한로, 입동, 대설, 소한)에 따라 나눈다. 그중에서도 특히 내가 태어난 달을 가리키는 월지는 온도에 가장 민감한데, 이것은 나를 나타내는 일간이 갖는 사회적, 가정적, 직업적 환경 등을 나타내기 때문이다. 예를 들어 12절기 중 입춘立春은(양력 2월) 날은 춥지만 봄의 기운이 시작되는 계절이다. 만약 내가 이 시기에 을목이라는 꽃나무로 태어났다면, 나는 꽃을 피울 수 있는 좋은 환경을 갖고 태어난 것이다. 그러므로 나에게 주어진 여러 가지 환경이 나에게 도움을 준다고 해석할 수 있다.

또한 월지는 인생의 흐름에서는 청년기, 육친에서는 나와 부모님과의 관계를 나타낸다. 청년기는 초년이나 말년보다 중요하게 보는 시기인데, 이는 내가 속한 가정이나 사회적 환경에 따라 인생의 많은 것이 달라지기 때문이다. 이 월지의 오행 에너지가 나

● **일간과 월지 보는 법**

시간	**일간**	월간	연간
시지	일지	**월지**	연지
태어난 시	**태어난 날**	**태어난 월**	태어난 해
나와 자식	나와 배우자	나와 부모,형제자매	나와 조부모, 조상
말년기	중·장년기	청년기	초년기(유년기)

(일간)를 돕고 살리는 역할을 한다면 좋은 가정 환경을 갖게 되지만, 나를 극한다면 힘든 환경을 갖을 수 있다.

〈일간과 월지 보는 법〉 표를 살펴보자. 내가 태어난 해를 가리키는 '연지'는 나의 띠를 나타낸다. 인생의 흐름에서는 초년기, 육친으로 설명하면 조상이나 조부모와의 관계를 나타낸다. 집안 내력이나 유산에 대해서도 알 수 있다. 연지에 있는 흙 에너지는 나의 정체성을 더욱 강하게 하며 조상의 재산을 물려받거나 멀리 있는 사람의 도움을 받아 해외에서 성공할 수도 있는 환경을 만든다.

'월간'은 나를 극하는(목극토) 나무 에너지지만, 육친으로 해석하자면 직업과 연결된다. 주로 의사, 폭발물 관리사 등 생명과 관련된 직업을 갖는 경우가 많고, 큰 힘을 들이지 않고 쉽게 전문직에 종사하는 사람이 많다.

'월지'의 불 에너지는 나를 돕는 에너지(화생토)로 유복한 가정 환경을 만나는 것이다. 월지는 자신이 자라는 가정이나 살아갈 사회적 환경이 어떠한지 보여준다.

'일주'를 육친으로 풀이하자면 나와 배우자를 나타내며, 인생으로는 중·장년기를 나타낸다. 일지의 불 에너지 역시 나를 도와주는 에너지로 내가 주변 사람으로부터 인정받고 살아갈 수 있게 한다.

마지막으로 태어난 '시주'는 육친으로는 나와 자식과의 관계나 나의 내면 등을 드러내고, 인생으로는 말년기를 나타낸다. 표에 나타난 시간과 시지의 물 에너지는 내가 극하는 에너지다(토극수). 이로 인해 말년에 돈에 집착할 수 있으며 야망이 있어 스스로 무엇에든 재미를 붙일 수 있다.

종합적으로 풀이하자면 이 사주는 조상의 도움(재산)을 받으며, 어린 시절부터 좋은 환경에서 자신이 원하는 것을 비교적 원활하게 이루며 살 것이다. 또한 돈에 집착하고 타인에게 드러내기엔 망설여지는 사적인 취향이 있으며 다른 사람에게는 까칠한 첫인상을 심어주는 4차원적인 사람이라고 설명할 수 있다. 이렇게 오행 에너지의 위치를 잘 들여다보면 나와 나를 둘러싼 주변의 여러 환경을 이해하는 데 많은 도움이 된다.

에너지를 움직이는 공간의 힘

공간은 내게 어떤 힘을 주는가?

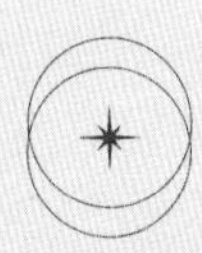

공간 에너지 순환시키기

한옥부터 이어진 음양과 오행 에너지의 조화

소셜미디어에서 유명세를 탄 한옥 카페가 있었다. 인터넷에는 한옥의 멋스러움과 함께 다정함이 느껴진다는 후기가 넘쳐났다. 궁금해진 나는 그곳을 방문해보았다. 그런데 뭔지 모르게 답답했다. 흙벽이 문제였다. 한옥의 멋을 살려 마감한 흙벽이 흙 에너지가 강한 나에게 답답하게 다가온 것이다. 누군가에게는 편하고 여유로운 공간일 테지만 나는 아니었다.

이처럼 어떤 공간을 모두가 똑같이 받아들이지는 않는다. 그래서 선조들은 공간에 음양과 오행의 원리와 순환을 담으려고 노력했다. 공간에 머무는 누구나 편하고 여유롭게 그 시간을 충분히 누리도록 한 배려였다. 이러한 전통 공간은 현대를 사는 우리에게 에너지의 흐름과 순환에 대한 철학을 깨닫게 한다.

특히 한옥에서는 에너지의 순환을 따른 흔적이 많이 발견된다. 한옥은 기둥과 보(칸과 칸 사이의 두 기둥을 건너지르는 나무)·도리(서까래를 받치기 위해 기둥 위를 건너지르는 나무) 등 주요 구조체가 나무인 목조주택이다. 한옥의 기둥은 주춧돌인 돌 위에 놓여 있으며 벽과 바닥은 흙과 짚을 잘 버무려 물로 반죽해 만들었다. 겨울에는 아궁이에 불을 지펴 방을 데운다.

안채와 사랑채 역시 형태, 색감, 소재, 소품 등에 오행의 원리를 살려 배치했다. 실내는 전통적인 문양이 잘 표현된 가구와 공예품을 두었는데 책을 중심으로 문방사우文房四友가 대부분이다. 창호의 문양은 원과 직선으로 디자인해 태극무늬와 음양 사상을 표현했다.

집 중앙에는 외부와 내부가 자연스럽게 연결되도록 정자나 정원을 꾸몄으며 연못과 나무, 정자, 돌 조각상 등을 배치해 오행 에너지가 순환하게 했다.

방과 방 사이의 큰 마루인 대청마루는 방으로 들어가기 전 제일 먼저 발을 내딛는 곳이다. 이곳은 소목(작은 나무판자로 만들어진 마루재)을 우물 정井 형태로 이어 붙인 우물마루 방식으로 나무의 수축과 팽창에 대비했다. 우물마루 방식은 다른 나라에서는 유래를 찾아볼 수 없는 한국만의 정서와 철학이 담긴 패턴이다. 최근 독일의 한 유튜버가 이 방식을 그대로 재현해서 마루를 시공한 동영상이 화제가 되었다. 수많은 외국인은 동영상을 보고 한옥이

주는 실용성과 아름다움에 찬사를 보냈다.

이처럼 한옥은 사계절에 모두 적합하고 구성재까지 재활용할 수 있는 지속 가능한 인테리어로 지어진 집이다.

공간의 에너지를 순환시키는 원리

공간은 벽, 천장, 바닥과 함께 마감 자재, 색, 구조물로 구성된다. 건축의 주재료는 시멘트나 콘크리트지만 내부 마감재는 나무와 금속, 플라스틱, 유리, 종이 등 천연 재료를 가공해서 사용하므로 오행 에너지의 특성이 고루 담긴다. 에너지는 건축재뿐 아니라 색감과 형태 등 디자인에도 영향을 받는데 어떤 형태로 공간을 표현하고 시공하느냐에 따라서 그 안에 흐르는 에너지가 달라진다. 쉽게 말해 원은 금 에너지를 상징하는데 금 에너지가 필요한 곳에 원 형태의 디자인을 배치하면 해당 에너지가 그곳에 생기고 흐르는 것이다.

변화된 에너지는 그곳에 머무는 사람이 알아차릴 만큼 강한 영향을 미친다. 이사를 가기 위해 중개업자와 집을 보러 다닌다고 해보자. 처음 소개받은 곳은 신축 건물에 깔끔하고 세련된 디자인으로 인기가 많은 집이다. 하지만 안으로 들어서자 분위기가 어딘가 모르게 차갑고 딱딱하다. 다음으로 소개받은 곳은 오랫동안 비워진 낡고 오래된 집이다. 하지만 내부는 해도 잘 들고 따뜻한 기운이 감돌아 몸이 훈훈해진다. 자, 당신은 어느 집을 택할 것인가? 아마 후자를 택하거나 조건에 맞는 다른 집을 더 보러 다닐 것이다.

이처럼 우리가 어떤 공간에 들어섰을 때 안팎의 느낌이 다를 때가 있다. 이는 그 공간에 고인 강한 에너지의 흐름을 느끼는 것이다. 공간 에너지는 사람이 가진 에너지와 조화를 이루거나 서로 밀어낸다. 운 좋게 나의 에너지와 잘 맞는 공간으로 옮긴다면 금상첨화겠지만 피치 못할 경우라면 공간의 흐름이 나에게 맞춰질 수 있도록 에너지를 변화시켜야 한다. 나무 에너지가 부족하면 나무로 된 마감재를 쓰고, 불 에너지가 부족하면 플라스틱이나 유리를 많이 활용하고, 금이나 물 에너지처럼 음의 기운이 필요하다면 거실이나 베란다에 수경재배 텃밭을 만들거나 어항이나 금속 가구로 공간을 채우는 것처럼 말이다. 부족한 에너지를 공간에 더하면 에너지가 순환되면서 건강하고 여유로운 마음과 생각을 갖게 될 것이다.

공간이란 나를 담는 그릇이다. 이 그릇의 크기와 환경을 잘 설정해주고 에너지의 흐름을 원활하게 만든다면 건강과 운의 상승 효과를 경험할 수 있을 것이다.

에너지 흐름을 만드는 공간 분리

시너지를 높이는 공간 분리법

원룸이나 작은 오피스텔처럼 공간 분리가 제대로 되지 않는 집은 각 공간에서 생성되는 에너지가 흐르지 못해 나의 에너지와 공간 에너지가 균형 있게 발전하기 어렵다. 따라서 공간이 분리되지 않은 곳에 살고 있다면 제일 먼저 구역을 나누는 일을 해야 한다.

침실에는 음의 에너지가 흘러야 한다. 원룸에 산다면 침구나 주변 색을 어둡게 해 공간을 구분하거나 수납장, 파티션 등으로 공간을 분리한다. 주방과 식당은 물과 불을 함께 사용하는 곳이므로 외곽에 있어야 하며 가스레인지와 싱크대 중간에 작은 화분을 두어 상극인 두 에너지를 나무로 중화해주는 것도 좋다. 문을 열자마자 침대와 식탁이 먼저 보이면 거주자의 심리 상태가 불안정할 수 있다. 이럴 때는 롤스크린이나 커튼을 활용해 공간을 분리한다.

이처럼 공간을 구분하는 손쉬운 방법은 가벽을 세우거나 가구나 유리, 커튼이나 블라인드를 활용하는 것이다. 공간 분리는 한옥에서도 예를 찾아볼 수 있다. 선조들은 좌식 공간을 분리하는 벽과 문의 역할로 병풍을 사용했다. 병풍은 보료 뒤에 놓여 그림처럼 방을 꾸며주는 역할도 했지만 실제로는 가벽의 역할에 더 가깝다고 볼 수 있다. 병풍 뒤에 요강을 두어 방에 간이 화장실을 만들거나 옷을 갈아입을 때마다 2폭, 4폭짜리 폭이 좁은 병풍을 방안에 펼쳐 임시 탈의실을 만들기도 했다. 즉, 병풍은 간편한 공간 구분용 소품이자 세계에서 가장 아름다운 가변성 벽체 시스템으로 쓰인 셈이다. 병풍 덕분에 방은 정체된 공간이 아니라 새로운 변화가 끊임없이 일어나는 공간이 되었다. 아파트에서는 쉽게 구조를 바꾸는 가변형 주택을 만들기 어려우니 병풍과 같은 역할의 가림막이나 양문형 책꽂이, 수납 가구를 이용해보는 것도 좋다.

가족이나 동거인과의 에너지 밸런스

공간 분리도 중요하지만 함께 사는 사람의 에너지도 간과해선 안 된다. 가족이나 동거인의 에너지가 상생하는지 상극하는지 알아야 공간 속 에너지 밸런스를 시작할 수 있다.

예전에 한 달 후에 입주할 58평 아파트의 인테리어는 물론, 5

개의 방에 들어갈 가구, 식기, 소품을 채워달라는 의뢰를 받았다. 사전 조사를 할 겸 찾아간 그 집은 멋진 마감재를 써서 고급스러웠지만 편안한 느낌은 아니었다. 나는 우선 각 공간에 놓을 가구 리스트를 만들었고, 커튼과 침구류는 오가닉 제품으로 직접 제작하기로 했다. 가구는 당시의 트렌드를 반영한 브라운과 아이보리 색상의 대리석과 그에 걸맞는 오크로 세팅했다. 서재와 아이들 방에 놓을 책상과 침대는 차분한 컬러로 선택했다. 가장 신경 쓴 방은 80세가 넘으신 할머니의 방이었다. 창가에는 전통 문양이 들어간 로만 쉐이드roman shade를 걸어 포인트를 주고, 밝은색의 꽃무늬와 분홍색 계열의 침구를 깔았다. 할머니의 방은 젊은 시절을 떠올리는 활기찬 에너지로 채워졌다. 할머니는 나에게 솜씨가 좋다는 칭찬과 함께 새신부가 된 것 같다며 즐거워하셨다.

가족들이 지닌 각자의 에너지가 원활하게 교류하면서 제3의 새로운 에너지를 만든다면 공간은 기능이나 아름다움 이상의 의미가 된다. 나의 에너지와 공간에 채워진 에너지가 결합하면서 시너지 효과를 내는 것이다. 이렇게 바뀐 에너지는 다시 나에게 긍정적인 영향을 준다.

삶을 변화시키는 공간 밸런스

강남의 60평짜리 주상복합 아파트에 사는 분이 인테리어를 의뢰한 적이 있다. 의뢰인은 대리석으로 마감된 고급스러운 내부를 따뜻한 느낌이 나는 공간으로 만들고 싶어 했다. 길쭉한 거실 한 면이 곡선의 통유리로 마감된 아파트는 혼자 살기에 너무 넓었다. 그 때문인지 다소 썰렁한 느낌과 함께 한기마저 감돌았다. 천장과 벽도 흰색 페인트로 마감되어 전체적으로 냉랭한 금 에너지가 느껴졌다.

이후 빌트인 주방 가구와 거실 바닥을 제외한 모든 바닥을 자연적인 느낌을 살린 오크색 나무 마루로 교체했다. 거실 한 면을 차지한 곡선의 통유리창에는 베이지 톤의 커튼을 설치했다. 이렇게 하자 휑했던 창가에도 따뜻함이 느껴졌다. 브라운 톤의 가죽 소파는 러그 위에 놓고, 긴 소파 뒤에는 장식용 테이블과 사무용 의자를 두어 간단한 업무를 할 수 있는 간이 서재로 만들었다. 소파 옆에는 스탠드 조명을 놓아 은은한 분위기를 연출했다. 남은 대리석 바닥에는 폭신한 러그를 깔아 거실과 주방을 분리했다. 썰렁했던 공간이 러그와 소파, 태양이 그려진 풍경화와 나무 조각품 덕분에 따뜻하게 변신했다.

공간이란 의식주를 비롯해 삶의 질까지 결정한다. 자신이 무엇을 가장 중요하게 생각하는지가 반영되는 것이다. 공간에서 휴식이든 업무 효율이든 가장 중요하게 생각하는 것에 따라 최적화된 공간이 만들어진다. 공간에서 에너지 흐름을 관리해 밸런스가 유지되도록 하는 것은 오늘보다 나은 내일을 만들려고 노력하는 것과 같다. 내가 머무는 공간은 아는 만큼 사용되고, 아는 만큼 에너지가 만들어진다.

얼마 전 블랙핑크 제니의 집이 공개되었다. 1억 7000만 원이 넘는 침대부터 명품 냉장고와 소파 등 많은 화젯거리로 눈길을 끌었다. 부자나 유명인 들의 공간은 고급스러움은 물론 적당한 크기의 가구와 소품들을 두어 에너지 밸런스가 잘 맞는 최적의 환경을 만든다.

공간 밸런스의 기본은 비움과 정리정돈이다. 먼저 이 두 가지만이라도 실천해서 에너지의 흐름을 원활하게 만들어보자. 그래야 공간 속 에너지의 밸런스가 조화롭게 유지되고 운과 성공을 만날 수 있다.

The Balance of Rich and Luck

공간은 에너지에 영향을 주는 중요한 장소다.

따라서 운을 바꾸려면 내가 있는 공간을 나에게 맞게 바꿔야 한다.

크게는 인테리어부터 작게는 가구, 소품, 여행지까지

내게 맞는 것을 찾아보자.

PART
2

부를 당기는
운 밸런스
실천법

차분한 물 에너지로 밸런스 맞추기

물 에너지의 특징과 물 에너지를 다루는 법

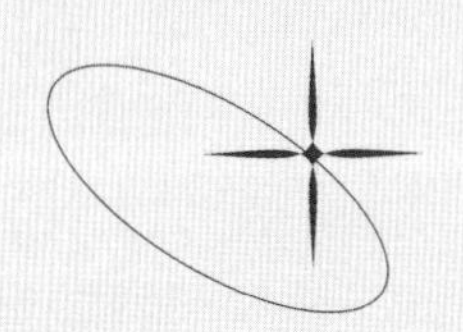

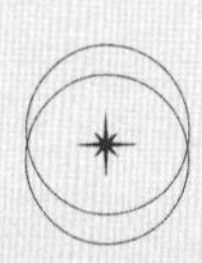

물 에너지의 특징

물 에너지가 적당할 때 나타나는 특징

'열 길 물속은 알아도 한 길 사람 속은 모른다'는 속담이 있다. 왜 하필 사람의 마음을 물에 비유한 것일까? 물은 일상에서 반드시 필요한 만큼 사람과 관계가 깊기 때문이다. 오행에서 물 에너지는 계절로 겨울, 방향으로 북쪽, 색으로 검은색, 숫자로는 1과 6을 상징한다. 인체에서는 신장, 방광 등 비뇨기를 맡고 있으며 맛으로는 짠맛을 상징한다. 보통 사주에 물 에너지 개수가 2~3개 정도로 너무 많거나 부족하지 않을 때 특성이 잘 나타난다.

총명한 아이디어 뱅크

물 에너지는 지혜로움을 상징하므로 물 에너지가 적당하면 두뇌

회전이 빠르고, 기획력과 계획성이 좋고, 마음이 너그러우며 생각이 깊다. 일에서 누구보다 치밀하며 식견이 높고 배움에 대한 의욕이 강하다. 이해가 빠르고 순간적인 재치가 있어 아이디어 제시에 있어 타의 추종을 불허한다. 자신이 정한 목표를 곧잘 따라가며 사회에서나 가정에서도 실수가 별로 없고 체계적이다.[1]

융통성과 이해력

물 에너지는 음 에너지에 속하며 부분을 전체로, 전체를 다시 하나로 모으는 작용을 한다. 한 방울의 물이 모여서 바다를 이루고, 각각 컵에 담으면 부분이 된다는 말이다. 물의 유기적인 특징을 잘 나타낸 표현이다. 따라서 물 에너지가 많으면 처세에 능하며 생각이 자유롭고 융통성이 있다. 변화를 싫어하고, 흔들림 없는 성향으로 자신이 가고자 하는 길을 가되 주변의 충고를 잘 받아들인다.

소리 없이 흐르는 물의 특성처럼 자신을 낮추고 쉽게 드러내지 않으며 추진력이 강하기보다 보이지 않는 곳이나 낮은 곳에서 조용히 일을 처리한다. 타인의 칭찬에 관심이 없으며 속내를 감추고 상황을 예의 주시한다. 점잖고 조숙한 타입이다.

높은 성장력

물 에너지는 한 분야에서 성실하게 자신의 재능을 발휘하기 때문에 성공할 가능성이 크다. 물은 형태가 없어 담는 그릇에 따라 모양이 바뀐다. 사주에 빗대어보면 물의 에너지로 태어났어도 사주팔자라는 그릇에 따라 삶의 모습이 바뀐다는 뜻이다. 즉, 사주에 따라 나의 그릇이 작은 물컵인지, 큰 호수인지가 정해진다는 뜻이다.

물은 생명의 근원으로 자유로우며 사교성과 활동력이 좋다. 한 곳에 머물기보다 흘러가며 움직이기를 좋아한다. 음식에 대한 욕심이 많은 편인데 그중에서도 특히 술을 좋아한다. 자유로운 활동이 방해될 때는 사교성이 저하되고 혼자 있고 싶어 한다. 심하면 우울증에 걸릴 수도 있다. 사교성과 은둔성을 동시에 가지고 있는 오행이다.

물 에너지가 약할 때 나타나는 특징

융통성이 없고 고지식하며 자기주장이 강함

물이 부족하면 고집이 세지고 융통성이 부족해져 다른 사람과 쉽게 충돌한다. 타인에 대한 포용력이나 적응력이 떨어져 자신이 옳다고 생각하는 일은 절대로 굽히지 않는다. 너무 솔직하고 비밀이 없어 사회생활에서 약점을 잡히거나 애로사항을 겪는 일이 많이 생긴다.

숫자에 약하며 일의 결과가 좋지 않음

공부를 열심히 해도 노력에 비해 성적이 잘 오르지 않는다. 암기 능력과 숫자에 약해 남에게 사기당하는 경우가 많다. 일을 무계획으로 처리하다가 실패하기 쉽다. 사고력이 떨어져 감정적으로 일을 처리해 좋지 않은 결과를 만든다.

행동이 느리고 불안정한 삶

거주지, 직장 등 자신의 삶에 필요한 안정적인 요소가 부족하고, 거주지가 자주 바뀌고 불안정하다. 행동이 민첩하지 못하고 답답해 보인다.

쉽게 피로감을 느낌

물 에너지는 휴식을 뜻하는데 물이 없으므로 휴식을 취하지 못하고 늘 피곤해한다. 의학적으로도 체내 수분이 부족하면 피로를 잘 느끼고 회복이 어렵다.

부정적인 일에 대한 기억력이 좋음

어린 시절 힘들었던 경험을 오래 기억한다. 보통 사람들은 아무리 힘들었어도 시간이 지나면 기억이 희미해지지만, 사주에 물이 없는 사람은 절대 그렇지 않다. 이러한 성격은 나중에 공황장애나 불안장애 같은 문제로 번지기 쉽다. 평소에 예민한 편이라면 특히 우울증을 조심해야 한다.

나쁜 이성운

물은 음의 에너지이므로 여성에게 물 에너지가 없다면 이성운, 연애운이 좋지 못하다고 본다. 해변이나 바닷가에서 유독 남녀 간의 만남이 많은 이유도 그러한 이치에 따른 것이다.

부족한 물 에너지를 채우는 공간 인테리어

물 에너지를 채우는 인테리어 방법

물은 공간에 적당한 습기를 주고 생기를 만드는 요소 중 하나다. 적당한 물 에너지가 공간에 모이면 그곳은 쾌적한 분위기를 형성해 아늑하고 편해진다. 물은 생명의 근원이기 때문이다.

물 에너지는 벽에 붙이는 분수인 벽천이나 수조, 어항, 혹은 물을 상징하는 검은색 등으로 만들어낼 수 있다. 타원형이 그려진 그림이나 도자기, 소품 등을 공간에 놓는 것도 좋다.

검은색 마감재 사용하기

얼마 전 신혼인 고객의 집 바닥을 폭이 넓은 검은색 마루로 깔아 주었다. 처음에는 흰색 벽면과 어울리는 나무색 강마루를 선택했지만 부부의 사주를 보니 물 에너지가 부족해 과감하게 검은색 강마루를 제안했다. 고객은 반신반의했지만 막상 깔고 보니 들여놓은 가전제품이나 가구와도 잘 어울려 만족해했다.

가정집 벽은 주로 도배지로 마감하는 경우가 많다. 페인트보다 고급스러움은 덜하지만, 실용적인 면에서 관리가 쉬워 많이 선택하는 마감재다. 실크 벽지는 오염 부위를 물걸레로 닦아낼 수도 있고 띄움 시공법(벽면이나 천정이 울퉁불퉁할 때 고르지 못한 면이 그대로 드러나 미관을 해치지 않도록 벽지를 벽면에서 살짝 띄워서 붙이는 방법)을 사용하면 지저분한 흔적을 가릴 수도 있다.

하지만 사주에서 물이 부족하면 이를 채워줄 검은색이나 검푸른색 계열의 페인트를 마감재로 이용한다. 도배지보다 페인트를 추천하는 이유는 색의 종류가 많아 취향이 까다로운 사람도 원하는 색을 고를 수 있기 때문이다. 또한 마감재의 형태나 가구 색과 조화를 이루는 색상을 고르기도 쉽다. 벽을 모두 검은색으로 바르기 어렵다면 어두운 색이 많이 섞인 페인트나 페인트와 비슷한 느낌을 주는 도배지를 골라 한 면이나 원하는 공간을 채워보자.

벽천, 아쿠아 가든 설치하기

나는 안구건조증이 심해 10년 전부터 주기적으로 진료를 받고 있다. 내가 다니는 병원에는 계단 벽면에 성모상을 배경으로 한 벽천(벽 아래 수조를 놓고 모터를 이용해 물을 위에서 아래로 흐르도록 한 장식 벽)이 있다. 이 인테리어 덕분인지 많은 사람이 오가는 곳이지만 항상 차분하고 고요한 느낌을 받는다. 벽천은 환자에게 필요한 마음의 안정과 적정한 습도를 제공하는 인테리어 방식으로 물 에너지를 잘 공급해준다.

물이 고여 있으면 생명력이 없어져 에너지 생성에 방해가 된다. 그러므로 어항이나 아쿠아 가든(관상용 수족관)처럼 정해진 틀에 물을 가둬두면 산소 발생기나 분수 등을 설치해 반드시 물을 순환하게 해야 한다. 이는 물고기에게 생기와 활력을 주어 물 에너지를 더욱 확장시킬 수 있다.

요즘은 아쿠아 가든 마니아도 많아졌다. 멀티 쇼핑몰에는 수족관 카페들도 많이 입점하고 있다. 환상적인 LED 조명과 수초, 그 사이를 떼 지어 노니는 열대어들로 꾸민 수족관은 가족 단위 관람객의 눈길을 사로잡는 볼거리를 제공한다. 약 1억 원이 넘는 거대한 수초와 이끼로 장식한 아쿠아 가든은 실내에서 자연을 만끽하는 훌륭한 장식품이다. 수조 속의 이끼들은 공기청정과 습도 조절 기능을 하는 등 생활 환경을 쾌적하게 만든다.

타원형의 인테리어 요소 사용하기

타원형과 곡선이 혼합된 형태의 장식 벽이나 우물천장을 만드는 것도 물 에너지를 얻는 좋은 방법이다. 우물천장이란 우물 정# 형태인 천장으로 등이 달린 안쪽과 바깥쪽에 단차를 주고, 그 사이에 간접조명을 넣어주는 인테리어 방법이다. 공간을 시각적으로 더욱 넓어 보이게 한다는 것도 큰 장점이다.

요즘에는 파티션이나 문의 상부를 아치 형태로 디자인하는 경우가 많아졌다. 이런 형태를 문이나 창호에 적용하면 공간에 물 에너지를 채우는 효과가 더욱 커진다.

예로부터 물은 재물과 같은 의미로 보았는데, 흐르는 물의 끊임없는 생명력이 돌고 도는 돈과 같아서다. 그래서 조상들은 아침마다 우물과 그 주변을 깨끗이 청소하고 정한수를 떠서 가족의 건강과 안녕을 하늘에 빌었다. 간절한 기도는 자손에게 복이 되어 자식 세대는 물론, 후대까지 부귀와 영화를 누리는 원동력이 되었다.

이렇게 물은 우리의 생명력과 가장 가까운 삶에 없어서는 안 될 생명의 근본이다. 이런 물 에너지가 부족하면 건강이 쇠약해지거나 재물이 부족해질 수 있으므로 적극적으로 채우도록 노력해야 한다.

부족한 물 에너지를 채우는 소품

물 에너지를 채우는 소품 활용법

사우나, 수영장, 화장실, 주방 등을 제외하면 일상적인 공간에서 물을 사용하는 곳은 많지 않다. 벽천, 타원형의 인테리어를 새로 하기 힘들다면 소품이나 장식품을 활용하는 것도 도움이 된다. 다음은 물 에너지의 밸러스를 맞춰주는 소품 활용법이다.

수경재배

북유럽 인테리어의 영향을 받아 반려 식물을 들여놓는 가정이 많아졌다. 반려 식물은 키우는 즐거움도 있지만, 무엇보다 물과 흙을 만지는 행위로 두 가지 에너지를 함께 얻을 수 있는 일석이조의 인테리어 소품이다. 최근에는 식물, 새싹 채소, 상추, 방울토마토 등 식용 식물을 수경재배로 키우는 일도 많아졌다. 이러한 흐름에서 '식물 재배기'라는 새로운 가전제품도 등장했다. 이 제품은 와인셀러와 비슷한 크기의 통유리로 제작되어 식물이 자라는 것을 밖에서 볼 수 있다. 기계에 일정량의 물만 넣어주면 채광, 환기, 영양소 등 식물에 필요한 모든 것이 자동으로 공급된다. 식물을 기르기 힘든 사람이라면 이런 제품의 도움을 받아보자.

수생목의 순환을 만드는 수경재배는 물 에너지가 부족한 사람에게 추천하는 소품이자 취미 생활이지만 나무 에너지가 부족한 사람에게도 좋다. 유리병이나 인테리어에 맞는 색감의 화병을 골라 식물을 키워보기 바란다.

가습기

난방을 많이 하는 겨울철에는 실내가 급격히 건조해진다. 특히 취침 전후에는 건조한 공기가 코와 입안의 점막을 자극해 비염을 일으키거나 감기에 걸리게 한다. 쾌적한 컨디션을 위해서라도 실내에는 적당한 습도가 필요하다. 이때 필요한 게 가습기다. 물 에너지가 부족하다면 침실 협탁에 가습기를 두어 잠자는 동안 빠져나간 에너지를 효율적으로 채워보자.

숯이나 솔방울을 이용한 에코 가습기는 천연 재료라는 장점이 있지만, 가습기로써 기능이 떨어지고 숯이 나무 에너지와 연결되기 때문에 물 에너지와는 다르다. 제올라이트zeolite라는 화산석을 이용한 가습 방식 역시 금 에너지와 물 에너지가 혼합되어 있어 물 에너지로 분류하기 힘들다. 물 에너지를 채워주기 위해서는 일반 가습기를 이용하는 것을 추천한다.

어항

보통 어항이라고 하면 어린 시절 보았던 복주머니처럼 생긴 작은 어항을 떠올린다. 요즘 어항은 크기도 커지고, 그 안에 들어가는 재료도 다양해져 마치 작은 아쿠아리움처럼 발전했다. 물고기를 좋아하는 사람들은 해수어, 담수어, 해초, 산호, 나뭇가지, 돌 등을 구입해 어항을 하나의 작품으로 만들기도 한다. 이런 유행에 힘입어 사무실이나 주택 내부에 아쿠아 가든을 인테리어 요소로 들이는 경우도 많다.

물 에너지가 부족한 사람은 작은 어항에 물고기를 넣어 키우는 것도 좋지만 수초나 자갈 LED 램프 등 여러 가지 소품을 활용한다면 오행 에너지를 골고루 얻을 수 있다.

찻상

나는 종종 선운사 다도방에서 스님들과 다과 시간을 가진다. 100년도 더 되었다는 찻상과 다기를 마주하고 차를 마시는 상황은 나에게 부족한 금과 물 에너지를 채우는 시간이어서 고요한 마음으로 편하게 보낼 수 있었다.

불교는 오행에서도 음 에너지에 속하며 다도는 물로 차를 만들고 마시는 행위이므로 물 에너지를 북돋워준다. 요즘은 다도를 취미 생활로 즐기는 사람들이 많아졌다. 다도는 차를 끓이고 잔에 옮겨서 마시는 반복적인 행위이므로 금 에너지가 강한 취미다. 다구를 원목으로 구비하면 물 에너지와 합쳐져 수생목의 이로운 효과를 가져다준다.

검은색 유화

먹으로 그린 산수화를 보아도 잔잔한 물의 느낌을 받을 수 있다. 화선지에 검은색 먹물만으로 그린 그림은 물 에너지를 채워주는 대표적인 소품이다. 또한 검은색 물감을 많이 이용한 그림은 우리가 원하는 에너지를 채울 수 있는 비교적 간단한 방법이다. 물을 상장하는 요소들이 결합된 그림, 예를 들어 1과 6이 들어간 일러스트나 돼지나 쥐가 그려진 그림을 소품으로 활용하는 것도 좋다.

부족한 물 에너지를 채우는 생활 습관

생활 습관으로 물 에너지를 채우는 방법

프랑스에서 열리는 인테리어 전시를 참관하기 위해 몇 년 동안 파리를 방문하면서 생수 브랜드에 대해 잘 알게 되었다. 프랑스의 대표 생수 브랜드인 '에비앙' 이외에도 '볼빅', '피지' 같은 프리미엄 생수를 많이 접하면서 브랜드마다 물맛이 조금씩 다르다는 걸 깨달았다. 물 에너지가 부족한 사람이라면 자신에게 맞는 생수를 찾는 일이 보물찾기처럼 즐거울 것이다.

맑고 깨끗한 물을 마셔야 몸도 건강해진다. 일상적으로 물을 자주 마시는 것만큼 에너지를 보충하면서 건강에 이로운 일이 어디 있을까. 요즘에는 하루 2리터 이상 물을 마시는 캠페인을 실천하기 위해 앱을 사용하는 사람도 많아졌다. 자신에게 맞는 물 마시기 방법을 찾아 몸을 깨끗이 정화하는 습관을 들이기 바란다.

하루 필요한 양의 물 마시기

물 에너지가 부족할수록 물 마시는 일이 쉽지 않다. 하지만 이런 사람일수록 더더욱 물 마시는 일을 습관으로 만들어야 한다. 내가 아는 어느 사주 상담가는 물 에너지를 채우기 위해 매일 정해진 양의 물을 습관적으로 마신다. 기상 직후, 아침, 점심, 저녁 등 네 번에 걸쳐 500밀리리터씩 마신다. 하루에 필요한 물을 몸에 채움으로써 신진대사가 원활해지면서 피부도 촉촉해지고 생기도 넘쳐났다.

사주에서 물은 재물을 상징하므로 물 에너지가 부족하다면 적극적으로 보충해서 채워야 한다. 주름이 너무 많거나 피부가 푸석하다면 자신의 운이 달아날지 모른다는 생각을 한 번쯤 해보자.

목욕이나 사우나, 족욕하기

사우나, 샤워, 족욕 등도 도움이 된다. 그러나 뜨거운 물에 몸을 오래 담그고 있으면 물 에너지보다 불 에너지를 만드는 상황이 되므로 너무 오랫동안 있지는 말자.

물가로 이사 가기

물 에너지가 고갈되면 번아웃이 닥치거나 신체적인 피곤함 등 불편함이 감지될 수 있다. 이때 물가 근처로 이사를 가는 것은 가장 확실한 물 에너지 보충 방법이다.

그러나 요즘처럼 호수 뷰, 한강 뷰 등 물과 가까운 곳의 부동산 가치가 높은 상태에서는 거주지를 옮기기가 현실적으로 힘들다. 이를 대체해 수원시, 수지, 덕수, 수서역, 수락산역, 이수, 온수, 성수, 옥수 등 수水가 들어간 지명이나 지하철역 근처로 이사 가는 것도 좋은 방법이다. 이는 그 지역이 물과 깊은 관련이 있다는 의미이기 때문이다.

멍 때리기

'멍 때리기'는 생각을 비움으로써 새로운 생각과 지식을 받아들이는 여유를 만드는 일이다. 이것은 정보가 쏟아지는 시대에 한 박자 느리게 생각함으로써 더 깊은 사고를 이끌어준다.

누구나 모래사장이나 캠핑장에서 모닥불을 피우고 여유로운 시간을 보낸 경험이 있을 것이다. 하지만 친구나 가족과 이런 시간을 만들기 어려운 사람도 있다. 그러다 보니 자기만의 공간에서 멍을 때리거나 불멍으로 생각을 정리하고 머리를 비우는 이도 많아졌다.

요즘에는 작은 불꽃을 만드는 미니 난로부터 디지털로 불꽃을 연출한 전자제품이 개발되어 쉽게 불멍을 할 수 있다. 얼마 전 〈나 혼자 산다〉라는 MBC 예능 프로그램에는 어느 배우가 주택에 딸린 테라스에서 캠핑 분위기를 내며 고체 연료로 불멍하는 장면이 등장하기도 했다. 이러한 요구에 발맞춰 LED 벽난로 스타일의 미니 히터도 출시되었다. 근무 중에 휴식을 취하거나 집에서 휴가를 보낼 때 이 제품을 요긴하게 쓸 수 있다. 멍 때리는 행위는 머릿속에 가득 찬 생각과 기억을 비워내며 물 에너지를 채우는 일이므로 소품을 이용한다고 해서 에너지가 달라지지는 않는다. 물론 낚시 같은 취미가 멍 때리기보다 물 에너지를 더욱 강하게 채울 수 있다.

명상하기

세계적으로 성공한 사람들이 가장 많이 하는 습관 중 하나가 명상이다. 명상은 사고력과 판단력을 키우는 데 좋으며 차분하게 현재와 미래를 객관적으로 보게 해준다. 명상은 하루를 뜻깊고 지혜롭게 살게끔 하므로 물의 에너지를 만들어낸다.

『세계의 엘리트는 왜 명상을 하는가』[2]를 저술한 와타나베 아이코는 1000명의 제자를 대상으로 한 실험에서 스트레스 해소, 쉽게 지치지 않는 몸, 집중력 향상, 마음의 평온, 높아진 업무 효율, 결단력 향상, 직감력 발달, 쉽게 목표 이루기, 창의력 발달, 원활한 인간관계, 높은 안정감, 만족스러운 일상으로 명상 효과를 입증했다.

명상은 필요할 때마다 하는 것도 좋지만 생활 습관처럼 매일, 혹은 2~3일에 한 번씩 시간을 정해놓고 실천하는 것이 중요하다. 스티브 잡스도 작업실 한구석에서 명상을 즐겼다고 한다. 이렇게 명상에는 창의력을 높이고 불안정을 안정으로 변화시키는 능력이 있다.

여행 가기

물 에너지는 겨울에 속하므로 이왕이면 겨울 여행이 좋다. 특히 금생수의 원리에 따라 금이 있는 여행지가 도움이 된다. 금 에너지를 상징하는 돌산이나 관악산, 치악산, 설악산 같은 험한 산을 등반하거나 암벽 등반, 동굴 관광을 하는 것도 좋은 방법이다. 지명에 금을 상징하는 글자가 들어간 곳을 가까이하는 것도 효과적이다.

수생목의 원리로 나무 에너지가 있는 장소로 여행을 떠나는 것도 좋다. 이때는 나무가 많은 숲이 궁합에 맞는다. 휴양림, 수목원 등 숲에서 삼림욕을 즐기거나 하룻밤을 보낸다면 한결 편안함을 느낄 수 있을 것이다.

기타 일상생활의 습관 만들기

내 몸으로 물 에너지를 만들기 위해 가장 신경 써야 할 것은 속옷이다. 속옷은 물을 상징하는 검은색이나 타원형 무늬가 들어간 것으로 장만한다.

부족한 물 에너지를 채우는 직업 및 인간관계

직업 및 인간관계로 물 에너지를 채우는 방법

'잡코리아' 같은 구인구직 사이트에서는 적성 테스트를 실시해 자신에게 맞는 진로를 결정할 수 있게 도와준다. IQ나 EQ가 대두되던 시대는 가고 이제는 성격을 열여섯 가지 유형으로 구분하는 MBTI가 대세가 되었다. MBTI 역시 사람의 성격을 100퍼센트 설명해주지는 않지만 젊은 세대 사이에서는 이 분석법이 꽤 신뢰도 높은 자료로 사용된다.

적성에 맞는 직업을 찾는 등 자신에게 집중하는 사회 분위기 덕분에 타고난 에너지 또한 중요하게 인식되고 있다. 적성만으로는 적응하기 힘든 변화의 시대가 되었기 때문이다. 사회가 정해놓은 틀을 과감히 깨려면 자신의 에너지를 정보로 활용해야 한다. 그중에서도 물이 상징하는 직업은 물과 직접 관련이 있거나 물을 이용한 서비스업, 물 제품을 판매하는 업종이다. 물 에너지의 속성인 지혜와 섬세함을 기본으로 하는 연구직이나 숫자를 사용하는 금융업계도 좋다. 인간관계로 에너지를 얻고 싶다면 자신에게 부족한 에너지를 갖고 있는 사람을 통해서 채우는 방법을 추천한다.

직업 및 적성

물 에너지의 직업은 섬세하고 지혜로우며 융통성이 많고, 치밀한 계획을 세우고 결과를 잘 내는 특성과 연결된다. 메타버스와 같은 가상 세계 속 비즈니스처럼 디지털 시대의 정보 습득과 관련된 일은 사주에 물 에너지가 부족한 사람에게 많은 도움이 된다.[3]

전공	
인문계열	경영학, 문학
사회계열	철학
공학계열	컴퓨터공학
자연계열	경제학, 회계학, 수학
예체능계열	음악

직업	
전문직	공인회계사, 산부인과 의사, 소아과 의사, 판사, 조종사
사무직	은행원
서비스직	목욕탕업, 요식업, 수도 관련 사업
판매직	생수 도매업, 주류 도매업
농업, 어업	어부, 양어장·양식장 운영
학자	수학자, 물리학자
제조업 및 연구직	시스템 분석가, 수력발전소 연구원, 금속 기술자, 기계 기술자, 선박 기술자
군인	군인
기타	음악가, 작사가, 여행가, 그래픽 디자이너, 소방사

인간관계

물 에너지가 부족한 사람은 물 에너지가 3개 이상인 사람을 만나거나 사업 파트너로 삼아야 한다. 사업 파트너와는 서로에게 부족한 에너지가 보완되었을 때 좋은 관계를 맺을 수 있다. 예를 들어 내 오행 에너지에 수가 없는 대신 금 에너지가 있다면 상대방은 금이 없고 수가 많은 사람이 좋다. 물 에너지를 지닌 사람은 불과 흙 에너지가 많은 사람과 일할 때 능력을 제대로 발휘할 수 있다. 이러한 원리는 연인, 친구, 직장 동료에게도 적용된다. 남녀 간의 궁합을 볼 때도 이러한 원리를 기준으로 하면 대체로 잘 맞는다.

나와 관련 없는 사람 중 이상하게 끌리는 사람들이 있다. 나는 주로 숫자에 강하고 논리적인 성향인 사람을 좋아하는데 에너지로는 물이나 금 에너지다. 그들에게는 나에게 없는 철저한 준비성과 행동력이 있다. 그래서인지 깊은 관계를 맺거나 무언가를 함께 하고 싶은 사람은 대부분 계수癸水(물에서도 음의 에너지로 부드럽고 지혜로운 사고를 상징)를 가진 사람들이었다.

몇 해 전 프로젝트를 함께 진행하며 한 대표님을 알게 되었다. 그분이 바로 계수 즉, 음의 물을 갖고 태어난 사람이었다. 그분은 몇 번의 사업 실패로 몸도 마음도 지쳐 있었고, 해마다 바뀌는 연운에서 강력한 불 에너지가 들어와 물 에너지마저 다 말라버린 상황이었다. 나는 안타까운 마음에 주변에서 물 에너지의 사람을 자주 만나서 식사하라고 조언했다. 일주일 후, "잘은 모르겠는데, 사람들과 만나서 밥 먹고 얘기 나누다 보니 마음이 좀 여유로워진 것 같아! 그래서 이제 본격적으로 다시 사업을 진행해보려고." 하는 답변이 돌아왔다. 내 이야기를 한낱 미신으로 치부하지 않고 한번 해보겠다고 시도한 대표님은 자신이 가고자 했던 방향으로 운을 만들었다.

부족한 에너지를 채우는 여러 가지 방법 중에서 사람을 통해서 얻는 에너지가 가장 강력하다. 인간관계에 문제가 있다고 생각한다면 위와 같은 방법을 시도해보자.

부족한 물 에너지를 채우는 오감 밸런스

오감으로 물 에너지를 채우는 방법

공간에서 순환하며 생성되는 오행 에너지는 우리가 경험하는 의식주에 많은 영향을 준다. 이러한 오행 에너지를 잘 이용하면 여유로움을 만들어낼 수 있다. 오행 에너지의 순환과 밸런스는 뇌와 몸 그리고 마음을 통제하는 도구라는 것을 명심하자.

색

검은색은 암흑과 죽음을 연상하며 부정적인 감정을 나타낸다. 또한 공포와 불안이라는 심리적인 압박과 함께 극복이 어려운 상태를 뜻하기도 한다. 한편으로는 죽음을 통해 인간의 존귀함과 성숙함을 나타내며 장례복이나 장례식장의 주색으로 사용된다. 권위와 무게, 존엄을 상징해 옷차림이나 자동차 색으로 차분한 느낌을 줄 때 쓰기도 한다. 일하는 공간도 마찬가지다. 검은색이나 어두운 계열의 색을 사용해 공간을 꾸며주면 좋다.

방향과 숫자

물 에너지가 가르치는 방향은 북쪽이다. 자신의 현재 방위에서 이사를 가거나 사업장, 가게 등을 새로 열거나 카운터의 위치를 선정할 때 참고하자. 물 에너지를 상징하는 숫자 1과 6이 들어간 아파트 층수나 호수, 자동차 번호, 전화번호 등을 선택하는 것도 도움이 된다.

하지만 집을 매매하는 경우가 아니라면 내가 원하는 동이나 층을 선택하기 힘들다. 이럴 때는 실내에 놓는 의자나 소품의 숫자를 신경 쓰는 것도 좋다. 선택이 가능한 전화번호나 자동차 번호, 비밀번호는 이 숫자를 이용한다.

풍수 인테리어에서 북쪽은 죽은 사람이 머무는 곳이라 하여 북쪽으로 머리를 두는 것을 금기시하지만 이는 무덤을 주로 남쪽으로 정하다보니 자연스럽게 머리가 북쪽으로 향하게 된 데서 나온 말이다. 따라서 침대 머리, 책상, 의자를 북쪽으로 두어도 된다. 부엌이나 화장실은 둘 다 물을 사용하는 곳이므로 가능한 북쪽에 있는 게 좋다.

패션

옷이나 가방, 신발도 검은색 계열이 좋다. 재질로는 소가죽보다 돼지가죽을 추천한다. 액세서리는 사람들의 눈에 띄며 반짝이고 찰랑거리는 귀걸이나 목걸이를 착용한다. 깔끔한 정장 차림에 검고 긴 머리가 잘 맞는다. 타투를 하고 싶다면 돼지나 쥐를 상징화한 캐릭터, 숫자 1과 6을 넣어 디자인한다. 반짝이는 비즈와 검은색으로 네일아트를 해도 좋다.

향수를 사용한다면 물 에너지의 상징적인 냄새를 활용해보자. 비료와 같은 발효된 냄새와 꽃향기와 과일 향을 조합해 물이 상징하는 향을 만들 수 있는데, 이러한 제품으로는 페라가모의 '인칸토 참', 랑방의 '잔느', 구찌의 '블룸', 베르사체의 '브라이트 크리스탈', 샤넬의 '샹스 오 땅드르' 등이 있다.[4]

메이크업은 창백한 피부톤, 오버 립을 기본으로 하되 청색 계열로 포인트를 준다. 투명한 피부 표현보다는 약간 흰색이 섞인 화이트 핑크, 브라운 계열의 파운데이션을 살짝 두께감 있게 올리고, 연한 보라색 계열의 파우더로 마무리한다. 볼 터치는 굳이 하지 않아도 좋다. 아이섀도는 연한 톤에 펄을 섞어 쓰거나 눈매를 뚜렷하게 강조하는 색상을 쓰는 게 좋다. 눈을 강조하는 메이크업을 할 때는 입술을 연하게 칠하고, 입술을 강조하는 메이크업을 할 때는 한 가지 색상의 아이섀도를 쓴다.[5]

헤어컬러는 블루블랙이나 회갈색, 검은색으로 표현한다. 굵은 웨이브가 들어간 펌이나 화려한 색의 염색은 피한다.

보석을 착용해 에너지 밸런스를 맞춘다면 운을 더할 수 있다. 검은색의 수정, 오닉스나 블랙 사파이어, 흑요석이나 블랙 다이아몬드, 첨정석으로 불리는 블랙 스피넬과 검은색 비취 등을 추천한다. 전기석이라고도 불리는 토르말린은 광물이지만 인체에 닿으면 미네랄이 풍부한 물의 성질로 바뀐다. 이 외에도 헤마타이트, 적철석, 흑진주 등도 좋다. 단, 검은색의 보석류는 물질이 주는 파장이 강해 아이들에게는 적합하지 않다.

취미

차분한 취미인 서예, 캘리그래피, 명상 등은 물 에너지를 만들어 준다.

악기를 다루고 싶다면 소리의 파장이나 형태가 물 에너지를 상징하는 피아노, 플루트, 하프를 추천한다. 음악은 차분한 뉴에이지 음악이나 클래식이 좋다.

운동으로는 수영, 스쿠버 다이빙, 서핑, 아쿠아로빅 등이 좋다.

예술작품

에드바르트 뭉크의 〈절규The Scream〉, 구스타프 클림트의 〈처녀들The Virgins〉, 프란시스코 드 고야의 〈성 이시드로 순례 여행A Pilgrimage to San Isidro〉, 〈마녀들의 연회Witches' Sabbath〉, 카지미르 말레비치의

〈검은 사각형Black Square〉, 제임스 애벗 휘슬러의 〈회색과 검은색의 배열(휘슬러의 어머니)Arrangement in Grey and Black No.1, Whistler's Mother〉, 이재삼 화백의 〈달빛〉 등을 북쪽에 걸어두고 감상하면 좋다.

블랙 푸드

음식은 검은콩, 건포도, 흑임자, 흑미, 오징어 먹물, 목이버섯, 오골계, 다시마, 김, 미역, 메밀 등 블랙 푸드나 돼지고기 요리가 물 에너지를 높이는 데 도움이 된다.[6]

열정의 화신 불 에너지로 밸런스 맞추기

불 에너지의 특징과 불 에너지를 다루는 법

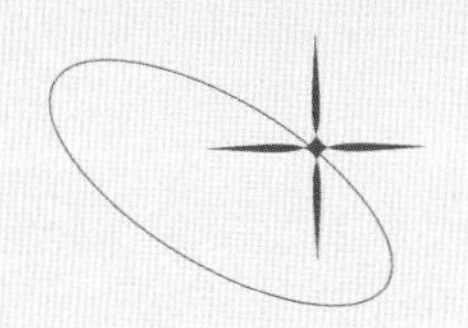

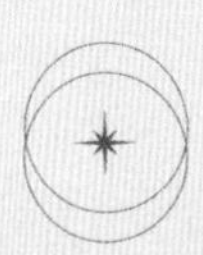

불 에너지의 특징

불 에너지가 적당할 때 나타나는 특징

양陽 중의 양을 대표하는 에너지는 태양이다. 태양은 높은 온도, 강렬한 색감, 모든 것을 포용하는 이미지로 인간이 감히 범접하지 못할 신과 같은 존재였다. 우리가 불 에너지를 긍정적으로 생각하는 것도 그 영향 때문이다. 밝고, 따뜻하고, 열정을 나타내는 불 에너지는 매우 중요하다. 사주팔자에 병화丙火라는 글자가 하나라도 있다면 인생이 밝고 긍정적인 에너지로 채워진다.

불은 계절로는 여름, 방향으로는 남쪽, 맛으로는 쓴맛이다. 상징하는 숫자는 2와 7, 색은 빨간색이다.

사주에 불이 2~3개라면 활동적이고 적극적이며 예술 분야에 끼가 많다. 감정 기복이 심하고 자신의 감정을 솔직하게 드러내기도 한다.

불 에너지가 많으면 자존심이 매우 강해 작은 일에도 크게 화를 낸다. 매사 목숨을 걸듯 돌진해 주위 사람이 피곤해질 수도 있다. 불도저처럼 한번 마음먹은 일은 빠르게 추진하지만 금세 싫증을 느낀다. 짧게 생각하고 실행에 옮겨 후회하는 일이 잦다.

활동적, 적극적

불 에너지는 미래지향적이며 진취적이다. 사주에 불 에너지가 많으면 모든 일에 열정적, 활동적이다. 삶의 의지가 강해 계획한 일을 자신 있게 처리해나가기도 한다. 특유의 따뜻함과 온화함으로 주변을 기분 좋게 하고, 어둠을 밝혀준다. 자신의 감정을 표현하는 데 과감하고 거침이 없다.

어떠한 상황에서든 자신이 세운 기준에 맞춰 명확하게 옳고 그름을 판단한다. 간혹 의견이 막히거나 계획대로 일이 진행되지 않으면 감정을 그대로 드러내기도 하지만 뒤끝은 없다.

예의 바름, 정의감

인정이 있고 공손하며 예의 바르다. 자신을 낮출 줄 알며 양보를 잘한다. 어린 사람이 웃어른에게 예의 없이 굴거나 부하 직원이 상사에게 대들면 쉽게 넘기지 못하는 타입이다. 사리 분별이 분명하며 희생과 봉사 정신이 뛰어나다. 여리고 부드러운 감성의 소유자이며 개성이 강하다. 나르시시즘적인 기질이 있다.

화려한 예술 분야의 끼

불 에너지는 자유로운 예술적 기질로 발산된다. 그래서 방송이나 그림, 글과 같은 예술 분야에서 두각을 나타내는 사람 중 불 에너지를 가진 사람이 많다.

자신의 존재를 확인하기 위해 외형에 관심이 많고, 화려한 것을 좋아한다. 소품을 고를 때도 소박한 것보다는 화려하고 독특한 것을 즐긴다.

불 에너지가 약할 때 나타나는 특징

무기력, 소극적

불 에너지가 없으면 열정적으로 무언가를 추진하려는 마음이나 의욕이 사라지고 무기력해진다. 이는 운명을 적극적으로 개척하려는 의지에 영향을 미쳐 발전을 더디게 한다. 또한 판단이나 결정이 수시로 바뀌면서 삶의 기준이 모호해져 밝고 명랑한 성격과 멀어진다.

자기 주관이 없는 편이어서 좋고 싫음이 분명하지 않고 우유부단하다. 특정 상황에서 화를 낼 타이밍을 찾지 못해 '착한 아이 증후군'을 앓기도 한다.[7] 하지만 화를 잘 내지 못할 뿐이지 화가 없는 것은 아니다. 조용히 분위기를 살피면서도 적극적으로 의견을 피력하지 않거나 고민만 하다 때를 놓친다.

변화를 싫어하고 행동하는 것을 두려워한다. 매사 조심스럽기 때문에 생각이 많다는 평을 자주 듣는다. 불 에너지가 약하다면 두려움을 떨치고 일단 행동으로 보여줘야 한다.

심장과 소장, 혈액순환 기능이 떨어짐

불 에너지는 심장과 소장, 혈액순환 계통과 관련이 있다. 따라서 이 에너지가 약하면 소화 기능이 떨어지고 정신적으로 약해질 수 있다.

부족한 불 에너지를 채우는 공간 인테리어

불 에너지를 채우는 인테리어 방법

오색 빛깔의 네온사인, 어둠을 밝히는 조명은 태양을 대신하는 불 에너지다. 만약 공간에 불 에너지를 채우고 싶다면 태양을 상징하는 인테리어와 조명, 그에 맞는 소품을 선택해야 한다. 여기에서 알려주는 열(온도)과 빛을 소재로 불 에너지를 만드는 방법을 잘 활용해보기 바란다.

조명 설치하기

바리솔barrisol은 일종의 천장 조명으로 스트레치 실링 시스템strerch ceiling system이라 불리기도 한다. 이것은 조명을 벽이나 천장에 고정한 다음 맞춤 재단한 특수 PVC 시트로 덮어 은은한 빛을 내는 새로운 인테리어 방식이다. 조명의 크기와 형태, 색감을 패턴으로 다양하게 만들 수도 있다. 주로 전시장처럼 면적이 넓은 곳에 설치하는데 단순한 평면 천장을 고급스럽고 유려하게 만들어준다. 바리솔이 처음 등장했을 때는 입이 떡 벌어질 정도로 고가였지만 지금은 아파트 거실에 쓰일 만큼 대중화되었다.

집에 조명이 부족하다면 간접등을 설치해보는 것도 좋다. 라인 조명은 간접등과 비슷한 방법으로 공간을 장식한다. 간접등은 형광등을 노출하지 않고 틈새에 넣어 감추는 데 반해 라인 조명은 별도로 제작된 매입 박스에 조명을 넣고 반투명의 플라스틱 커버를 씌워 마감하거나 박스가 없는 형태로 마무리한다.

FRP 몰딩 장식품 활용하기

FRP는 유리, 카본섬유로 강화한 플라스틱이다. 클래식한 인테리어 디자인이 한창 인기 있던 때 몰딩이나 걸레받이, 천장의 샹들리에 주변의 마감재로 많이 쓰였다. 이 장식물은 주로 금색이나 흰색을 사용해 화려하고 공간을 입체적으로 보여준다.

오랫동안 알고 지내던 지인의 아파트를 인테리어한 적이 있다. 지인은 물 에너지가 강한 음 에너지를 가진 사주여서 양 에너지를 보완하는 게 좋겠다는 생각이 들어 샹들리에와 조각 유리 조명으로 빛에 힘을 주었다. 그리고 우물천장을 만들어 FRP 장식 몰딩을 붙이고, 바닥은 불 에너지의 과함을 막기 위해 대리석으로 마감했다. 나머지는 따뜻한 느낌의 나무 소재로 마감했다. 문은 흑단이라는 원목으로 만들고 손잡이는 금색으로 장식해 양 에너지의 비중을 높였다. 이로써 불 에너지인 FRP는 대리석과 함께 음양의 조화를 이루며 공간 에너지의 흐름을 좋게 만들었다.

페인트로 바닥 칠하기

요즘 유행하는 빈티지 인테리어 카페를 보면 시멘트 바닥에 투명한 매니큐어를 발라놓은 것 같은 마감을 한다. 도톰하게 올라온 투명한 액체는 페인트의 일종인 에폭시epoxy다. 액세서리나 장식품의 마감재로도 사용하는 에폭시는 화학 약품으로 불 에너지의 성질을 띤다. 주차장이나 옥상에 많이 쓰이는 우레탄 페인트(방수 페인트)도 비슷하다. 페인트에는 유성, 락카 스프레이, 오일 스테인 등 여러 종류가 있지만 모두 화학 약품으로 불을 상징한다.

전자제품 들여놓기

얼마 전 인테리어를 의뢰받은 신혼집에 식기세척기부터 냉장고, 김치냉장고, 세탁기, 건조기, 전기오븐, 커피머신, 토스터와 스타일러까지 셀 수 없이 많은 전자제품이 들어왔다. 이 제품들을 고려해 디자인을 하다 보니 문득 이 수많은 불 에너지를 신혼부부가 어떻게 감당해낼 수 있을까 하는 걱정이 들었다. 나는 그 길로 부부의 사주를 보았다. 그런데 신기하게도 둘 다 불 에너지가 약했다. 남편은 나무와 불 에너지가 매우 약했고, 여자는 불 에너지가 없는 완전한 음의 사주였다. 다행히 전자제품에서 나오는 불 에너지는 큰 문제가 될 것 같지 않았다. 결혼한 지 1년이 넘은 그 부부는 전자기기가 뿜어내는 불 에너지를 다른 에너지로 흘려보내며 잘 살고 있다.

이렇게 많은 전자제품 대신 불 에너지를 상징하는 영화를 자주 보는 것도 또 하나의 방법이다.

부족한 불 에너지를 채우는 소품

불 에너지를 채우는 소품 활용법

불 에너지를 충전하는 간단한 방법으로는 의류, 침구, 소파, 쿠션처럼 몸에 닿는 패브릭을 붉은색으로 교체하는 것이다. 침대 옆에 두는 스탠드 조명도 부족한 불 에너지를 충족하는 손쉬운 방법이다. 앞서 말했듯이 플라스틱은 불 에너지를 상징하므로 플라스틱으로 만든 가구를 집 안 곳곳에 배치하는 것도 좋다.

불 에너지는 위로 상승하는 성질을 가졌기 때문에 해가 잘 드는 고층을 주거지로 삼는 것도 고려해 볼 수 있다.

벽난로

얼마 전 시청한 드라마에서 파벽돌에 가로로 길게 매입된 벽난로를 발견했다. 벽난로는 옛날부터 바닥 난방이 되지 않는 미국, 유럽에서 자주 쓰이던 난방 기구다. 현재는 원래의 기능 대신 고급 인테리어 소품으로 인식되어 다양하게 쓰이고 있다.

한 고객의 별장을 손본 적이 있다. 금 에너지가 풍부한 의뢰인에게는 따뜻한 불 에너지가 필요했다. 어떤 게 좋을까 고민하다가 별장이 목조주택이란 점을 이용해 그에 어울리는 벽난로를 만들었다. 이 벽난로는 잡지에 소개될 만큼 멋있었다. 그는 주말마다 이곳을 찾아 벽난로에 불을 때며 에너지를 충전했다.

최근에는 고체 연료나 전기 난로 등 그 종류가 다양해졌다. 가구 개념으로 만든 장식용 벽난로는 난방 기능은 없으나 안쪽에 조명을 달아 인테리어 소품으로도 많이 사용하고 있다.

조명

스탠드 조명은 불 에너지의 대표 소품이다. 소파 옆이나 창가에 플로어 스탠드를 두고 은은한 빛을 활용하는 집도 있고, 침대 옆 협탁에 작은 테이블 스탠드를 놓아 밤낮으로 불 에너지를 공급하기도 한다. 요즘은 공간 절약형으로 침대 헤드에 부착하는 브래킷 형식의 조명도 등장했다.

빨간색 가구

불 에너지를 상징하는 남쪽에 빨간색 가구나 소품, 빨간색이 들어간 그림 등을 두면 반가운 소식을 들을 수 있다. 원룸이나 신혼집 인테리어로 인기가 많은 이케아의 빨간색 철제 캐비닛은 불 에너지를 채우기 좋은 가구다. 창가에 빨간색 버티컬이나 블라인드, 플라스틱 의자를 두어도 좋다. 주방 한 면에 빨간색 타일을 붙이거나 빨간색 그릇 또는 그림으로 포인트를 주면 식사 시간이 더욱 활기차고 즐거워질 것이다.

말 소품

내가 디자이너로 근무했던 한 회사의 대표는 집무실 한쪽에 유리 장식장을 두고 갖가지 소재의 말 소품을 전시했다. 말은 동물 중 대표적인 양의 동물로 불 에너지를 상징한다. 근력과 체력이 좋은 사람을 말에 비유하는 건 그만큼 역동적이기 때문이다.

말이 주는 에너지 덕분인지 그 대표는 늘 자신만만했고 자신이 하고 싶은 대로 해야 직성이 풀리는 불 에너지의 소유자였다. 이러한 성격 때문에 디자인 컨펌이나 결재를 받기란 하늘의 별 따기였다.

그러던 어느 날 그녀는 자신의 건물이었던 회사 2층 수직 벽에 벽천과 함께 그린 월을 설치하고, 1층을 중국의 전통 차를 판매하는 티 하우스로 만들었다. 2층에는 자신이 수집한 가구와 그림을 정리해서 갤러리로 만들었는데, 여기에서 나오는 물과 나무 에너지 덕분인지 행동이나 태도가 조금 누그러졌다. 강한 불 에너지가 벽천과 그린 월, 티 하우스의 물 에너지로 눌리면서 그녀에게 영향을 미친 것이었다.

초, 램프

요즘에는 탈취 효과가 있는 인센스 스틱처럼 향을 입힌 초도 많이 애용하고 있는데 심지에 직접 불을 붙이지 않고 전구에서 나오는 열로 초를 녹여 향을 발산시키는 캔들 워머를 많이 쓰고 있다. 캔들 워머는 무드등처럼 조명 효과를 누릴 수 있고 탈취 효과도 얻을 수 있는 제품으로 두 마리 토끼를 한 번에 잡을 수 있는 좋은 아이템이다.

해바라기 그림

노란 해바라기 그림은 태양을 상징하는 불 에너지 소품이다. 태양이 그려진 그림, 태양을 모티프로 한 거울이나 시계도 불 에너지를 가리킨다.

부족한 불 에너지를 채우는 생활 습관

생활 습관으로 불 에너지를 채우는 방법

불 에너지는 뜨겁고 확산하는 성질이 있다. 직접 만지거나 사용할 수는 없으므로 그 에너지를 몸에 저장해야 한다. 아침마다 햇빛을 쬐고 빨리 뛰기, 춤추기 등으로 땀을 흘리면 공간으로 열 에너지가 전달된다. 요리는 직접 불을 다루는 일이므로 불 에너지를 만들어 공간과 상호작용하며 원활한 오행의 흐름을 돕는다. 이로써 우리가 추구하는 공간에서 운과 부를 생성하는 시너지 효과가 생겨나 더 나은 삶, 건강한 라이프 스타일을 만들어가게 된다.

일광욕하기

창문으로 들어오는 아침 햇빛은 가장 강력하고 따스한 불 에너지를 공급해준다. 일광욕은 불 에너지를 충전하는 데 어떤 방법보다 좋다. 해수욕장이나 수영장에서 선탠을 하는 방법도 추천한다. 집에서도 옥상이나 창문 가까이에 누워 일광욕을 즐겨보자. 단, 음기가 강한 일몰은 피하는 게 좋다.

사업으로 꽤 성공한 지인은 재력에 비해 늘 여유롭지 못하고 긴장된 모습을 보였다. 아내가 아이들을 데리고 캐나다로 유학을 간 뒤에는 그 모습이 더욱 심해졌다. 인테리어를 위해 그의 집을 방문했을 때 나는 깜짝 놀랐다. 집은 완벽할 정도로 깔끔하게 잘 정돈되어 있었지만 모든 창문이 꽉 닫혀 공기가 전혀 통하지 않았다. 퇴근하면 환기도 시키지 않고 잠만 잔 채 다시 출근하는 듯했다. 꼼꼼한 완벽주의에 워커홀릭으로 살아온 생활이 눈에 선했다.

인테리어를 크게 손보는 대신 거실에 스탠드 조명을 놓고, 암막 커튼을 햇빛이 잘 드는 불투명한 아이보리색 커튼으로 바꿔 달았다. 대리석과 금속 재질의 가구도 원목으로 바꿨다. 그리고 아침마다 커튼을 열고 햇빛을 쬐라고 조언해주었다. 햇빛에는 공간을 소독해주는 효과도 있다. 이후 지인의 표정과 행동이 어딘지 모르게 조금씩 밝아졌다. 아침의 따뜻한 햇빛이 그에게 필요한 에너지를 공급하면서 밸런스를 맞춰준 것이다.

남쪽으로 가기

남쪽은 해가 잘 드는 곳이다. 전통적으로 남향집은 볕이 잘 드는 좋은 집이란 인식이 강하다. 해가 잘 든다는 것은 생명을 키우기에 적합하고 소독이 잘되어 공간이 깨끗하게 관리된다는 뜻이다. 불 에너지가 부족하다면 남향집을 선택하거나 남쪽으로 여행을 계획해보는 것도 좋은 방법이다.

불은 소란스럽고 시끌벅적한 것을 의미하니 시장이나 번화가 등 사람들이 많이 붐비는 곳이나 부산이나 대구, 남해, 호주, 싱가포르, 태국, 남아프리카나 흙이 많은 산에 가자. 여행은 그 자체가 불을 의미하므로 불 에너지를 얻기에 좋은 활동이다.

드라이브도 불 에너지를 상징한다. 요즘 유행하는 차박 캠핑도 불 에너지를 채우는 방법이다. 특히 캠핑은 나무가 많은 장소에서 불 에너지를 만드는 것이므로 나무 에너지와 함께 불 에너지를 얻는 좋은 방법이다. 미니어처 카 레이싱이나 드론 조종도 추천한다.

요리하기

요리란 날것의 재료를 불로 끓이고, 굽고, 쪄서 재료가 잘 소화되게끔 하는 행위다. 그래서 요리는 불 에너지를 직접 전달받는 좋은 방법이다. 우리가 집밥에 열광하는 이유도 요리에 담긴 정성과 막 만들어낸 요리를 먹었을 때 얻는 에너지 때문이다.

한동안 거의 탈진하다시피 체력이 바닥난 시기가 있었다. 이러다 큰일이라도 나지 싶어 한의원을 찾아갔다. 한의사 선생님은 원기 회복에 도움이 되는 처방으로 밥을 직접 해서 바로 먹을 것, 된장찌개나 청국장 같은 발효 식품을 뚝배기에 끓여 뜨거울 때 먹으라고 알려주었다. 그분의 말씀을 지키면서 식은 밥이나 식당에서 미리 만들어둔 공깃밥을 먹었을 때는 몰랐던 밥의 힘을 깨달았다.

집밥으로 통통하게 살이 오르는 것은 고른 영양소 덕분이기도 하지만, 불과 요리에 깃든 에너지도 한몫한다. 요리하는 과정과 그것을 먹는 사람들의 태도까지 여러 가지 에너지가 고루 섞여 좋은 결과를 만들어내는 것이다. 정성스러운 요리를 먹고 감사한 마음을 갖는 것 또한 긍정적인 에너지를 불러일으킨다.

요즘은 밀키트와 배달 음식의 전성시대다. 그러나 조금 불편하더라도 일주일에 몇 번이라도 집에서 직접 요리를 해 먹어보자.

운동하기

운동은 신체를 자극해 열을 분출함으로써 불 에너지를 채우는 방법이다. 러닝, 농구, 축구, 에어로빅, 소프트볼, 킥복싱, 주짓수 같은 격렬하고 움직임이 많은 운동은 단시간에 열을 만들어내 몸에 불 에너지를 빠르게 공급한다.

반려견 돌보기

천만 반려인 시대가 되었다. 나도 2살 가까이 되는 강아지를 키우고 있다. 강아지를 들이기 전에는 몰랐던 반려인들의 생활이 이제

조금씩 보이기 시작한다. 매일 산책을 시켜야 하고, 좋은 사료를 골라 먹이고, 거부하면 다시 바꿔보고, 털과 발톱을 관리하는 등 사소하지만 중요한 일이 많다.

불 에너지가 적은 사람은 많이 움직이는 것이 도움이 되므로 동물을 키운다면 반려견이 좋다. 강아지를 키울 때 생기는 심리적 안정감이나 활력을 얻는 것은 물론 함께 산책하며 불 에너지도 채울 수 있다. 단, 반려동물은 책임과 많은 공부가 필요하므로 신중하게 생각하고 결정해야 한다.

독한 술 마시기

보드카나 고량주, 코냑, 안동소주처럼 도수가 높은 독한 술을 마시는 것도 불 에너지를 몸으로 직접 채우는 방법이다. 과도한 음주는 건강에 좋지 않지만 반드시 술을 마셔야 한다면 한두 잔의 독주가 적당하다.

유난히 술이 약한 지인이 있었다. 그는 맥주나 와인처럼 도수가 약한 술을 마시면 항상 배가 아프고 설사를 하는 등 부작용이 나타났다. 그 이야기를 들은 나는 차라리 도수가 높은 술을 마셔보라고 권했다. 얼마 뒤 지인은 고량주를 마셔보았는데 목으로 넘기기는 힘들었지만 배나 머리가 아프지 않아 깜짝 놀랐다고 했다.

손발이 차고 추위를 잘 타는 사람은 불 에너지가 부족한 편이므로 한두 잔의 독주를 마시며 술자리를 즐겨보자.

비트가 강한 음악 듣기

음악으로 필요한 에너지를 채운다면 장르나 가사 등을 고려해 듣는 것도 좋은 방법이다. 빠른 박자의 댄스곡이나 경쾌한 동요를 들으면 신이 나고 즐거워진다. 락이나 메탈, 빠른 템포의 댄스 음악 등은 불 에너지를 만들 수 있는 좋은 방법 중 하나다.

사우나, 찜질방 가기

사우나, 찜질방, 온천처럼 뜨거운 곳에서 목욕을 하는 건 불 에너지와 물 에너지를 함께 만들어낸다. 사우나와 찜질을 좋아하는 우리나라 사람들은 이런 방식으로 몸을 덥히면서 불 에너지를 만들어왔다. 탕 목욕은 혈액순환이나 피로 회복을 도우며 몸속 에너지의 순환을 돕는다.

부족한 불 에너지를 채우는 직업 및 인간관계

직업 및 인간관계로 불 에너지를 채우는 방법

불 에너지는 불이 번지는 것처럼 속도감이 있고, 주변을 변화시키는 능력이 뛰어나다. 이 에너지를 가진 사람은 열정과 화려함을 갖추고 있으며, 사람들의 시선을 중요하게 여겨 자신을 가꾸는 일을 게을리하지 않는다. 또한 어떤 일을 시작할 때 주위 사람들에게 영향을 줄 만큼 힘찬 기운을 제공한다.

직업 및 적성

불 에너지는 기본 성질이 총명하고 논리정연하고 예의가 바르다. 아름다움과 활동적인 것을 추구하며 자유로운 성격이 강해 일에 금세 흥미를 잃어버린다. 출퇴근 시간이 정해져 있고 규칙이 엄격한 회사원보다 자유롭게 창조적인 일을 할 수 있는 프리랜서나 디자인 계통, 엔지니어, 사업가로 활동하는 편이 좋다.

전공	
인문계열	정치학, 경영학
사회계열	금융보험학
공학계열	섬유공학, 전기공학, 건축공학
자연계열	화학, 물리학, 조명학
의약계열	의예과
예체능계열	무용학, 스포츠학, 연극영화학, 의상디자인학, 레크레이션학

직업	
전문직	검사, 경찰, 의사, 교사
사무직	은행원
서비스직	헤어 디자이너, 피부관리사
판매직	보험 판매업, 화장품 판매업, 화학제품(연탄, 가스, 총포, 화약 등) 판매업, 조명 판매업, 꽃집·침구점·주유소 운영
제조업, 기술직	전기기능사, 통신기능사, 용접공, 그래픽 디자이너
기타	무용수, 뮤지컬 배우, 코미디언, 모델, 운동선수, 이벤트 강사, 운동 강사, 여행 가이드, 의상 디자이너

부족한 불 에너지를 채우기 위한 방법 가운데 하나는 불 에너지의 직업을 갖는 것이다. 하지만 자신에게 부족한 에너지를 갖겠다는 생각만으로 특정 직업을 선택한다면 훗날 적성이나 성격에 맞지 않아 일을 그만두거나 한곳에 정착하지 못하고 여러 번 이직을 해야 할 수도 있다. 그래서 사람들은 직업은 좋아하는 일보다 잘하는 일로 선택해야 한다고 말한다.

그렇다면 불 에너지를 직업으로 얻는 방법은 없는 것일까? 부족한 에너지를 채우기 위해 직업을 이용해야 한다면 즐겁게 할 수 있는 일과 해야만 하는 일을 섞은 투잡two job이 있다. 예를 들어 적성에 맞는 직장을 다니면서 불 에너지인 유튜브, 인스타그램, 블로그, 스마트 스토어 판매와 같은 프리랜서 개념의 활동을 병행하는 것이다. 꾸준히 오랫동안 이 생활을 지낸 뒤 어느 정도 새로운 직업에 익숙해지고 경제적으로도 안정감이 들 때 두 가지 직업 중 하나를 정리하고 다른 하나에만 몰두하는 것도 좋은 방법이다.

인간관계

불 에너지는 계절로는 여름, 주기로는 청년기를 상징하므로 젊은 사람이 많은 곳에서 그들과 어울리는 것이 좋다. 나이를 불문하고 젊은 에너지는 우리의 신체나 정신에 열정적이고 뜨거운 에너지를 보충해준다.

불 에너지는 열정, 활동, 자유를 상징하기도 하지만 다혈질, 끈기 부족, 과도한 자존심 등도 나타낸다. 따라서 불이 많은 사람과 협업할 때는 조심해야 할 몇 가지가 있다. 첫째, 대화 중 절대로 말을 끊지 말고 결과와 함께 과정도 중시한다. 둘째, 감정적으로 반응하지 말고 기다리며 이성적으로 대처한다. 셋째, 거만한 자세를 버리고 겸손하게 대하며 경청하는 자세를 취한다. 넷째, 자주 칭찬하고 작은 성과도 인정하고 격려해준다.

불 에너지가 2~3개 있는 사람은 목생화에 따라 나무 에너지가 있는 사람과 결혼하거나 애인 혹은 친구나 사업 파트너 등으로 인연을 맺어도 좋다.

부족한 불 에너지를 채우는 오감 밸런스

오감으로 불 에너지를 채우는 방법

음식, 의상, 인테리어 등 주변을 빨간색으로 바꾸면 가장 확실하게 불 에너지를 채울 수 있다. 그럼 구체적으로 어떤 방법이 있는지 알아보자.

색

빨간색은 다른 색과는 비교할 수 없는 정체성과 치명적인 아름다움이 있다. 이런 특징으로 인해 강렬하고 자극적인 곳에 쓰이기도 하며 위험과 긴급함을 알리는 신호의 색으로 쓰이기도 한다.

젊고 에너지가 강하므로 흥분과 불안을 유발시키기도 하며, 열정, 애정, 행복을 의미하는 심리적 성격도 띤다. 긍정적으로는 용기, 사랑, 생명력, 열정, 에너지, 활발함, 태양의 외향성을 의미하며 에너지를 주변으로 발산시킨다. 이는 불 에너지가 강한 사람의 특징과도 관련이 있다.

방향과 숫자

불 에너지는 방향으로는 남쪽을, 숫자로는 2, 7을 상징한다. 자신에게 중요한 자동차 번호, 비밀번호, 아파트 층수나 호수, 전화번호 등에 숫자 2와 7을 잘 활용하면 좋다. 불 에너지가 부족하다면 침대 머리나 사무실의 책상과 의자 방향, 아이들의 책상이나 의자 방향을 남쪽으로 배치해보자.

패션

사주에 금과 물 에너지가 많은 사람은 불 에너지처럼 열정적이면서도 밝은 에너지가 꼭 필요하다. 의상에서 빨간색을 매치해서 입기 어렵다면 포인트 컬러로 빨간색 스카프, 립스틱, 속옷 등을 활용하는 게 좋다.

불 에너지가 부족한 사람들에게는 불꽃처럼 낭만적인 색상이나 스타일이 필요하다. 특히 자주색이나 초콜릿 색을 추천한다. 검은색처럼 어두운 색, 금색, 오렌지색, 노란색이 많이 섞인 밤색은 피한다.

메이크업은 파스텔 컬러로 부드럽게 표현한다. 눈썹은 도톰하게 그리고, 촉촉한 피부를 표현하기 위해 수분 크림과 수분 함량

이 높은 파운데이션을 사용한다. 메이크업에서 포인트 컬러는 붉은색 계열인 피치나 베이비 핑크 등을 선택한다. 자신에게 이런 색상이 어울리지 않는다면 가능한 은은하고 부드러운 색을 바른다. 베이지나 연한 브라운의 아이섀도로 부드러운 이미지를 강조한다. 입술은 자신의 입술보다 얇게 그린다. 검은색은 배우자 운에 좋지 않으니 사용하지 않는다.

염색을 한다면 로즈 브라운, 와인 블랙이 잘 어울리고, 굵은 웨이브가 들어간 펌이나 짧은 커트보다 긴 생머리나 약간 굵은 웨이브 스타일을 선택하는 게 좋다. 이마는 드러내는 것이 좋다.

향수는 그을린 냄새, 볶는 냄새, 쓴맛을 연상케 하는 캐러멜, 머스크, 바닐라, 코코넛을 이용한 제품을 선택한다. 디올의 '듄 오 드 뚜왈렛', 발렌티노의 '발렌티나 파우더', 톰포드의 '오 드 솔레이 블랑', 로라 메르시에의 '엠버 바닐라' 등이 있다.

항상 붉은색 루비 반지를 끼고 다니는 지인이 있었다. 조금 촌스럽기도 하고 부담스러워 보여서 무슨 의미가 있는지 물었다. 그러자 어느 스님이 빨간색을 항상 몸에 지니고 다니라 하여 이 반지를 낀다고 했다. 평소 그녀는 밝고 명랑한 사람이어서 나는 그녀가 음 에너지의 사람이라고 생각해 본 적이 없었다. 그런데 알고 보니 자신의 사주에 불 에너지가 없어서 그동안 해왔던 의류 사업이 지지부진했다는 것이다. 그러다 스님의 조언대로 반지를 낀 이후로 10년 넘게 사업을 잘 이어오고 있다고 했다. 그러자 그

붉은색 반지가 신기하게 보였다.

대표적인 붉은색 보석으로는 루비와 가넷, 붉은색을 띠는 다이아몬드와 파이어 오팔, 레드 제스퍼, 알렉산드라이트, 로도크로사이트와 임페리얼 토파즈 등이 있다. 이러한 보석류는 원석으로 두어도 좋지만 반지나 목걸이로 만들어서 항상 몸에 지니고 다니면 더욱 효과가 좋다. 참고로 약지에 반지를 끼면 재물운을 상승시키고, 중지에 끼면 명예를 높이고 좋은 배우자를 만날 수 있다. 아이들에게는 새끼손가락에 끼우는 물고기 모양의 두꺼운 반지를 선물하는 것도 좋다.

취미

여행을 자주 다니고 활발하게 돌아다니는 것을 추천한다. 악기를 배우거나 노래방에서 신나게 노래를 부르는 것도 좋다. 컴퓨터는 불 에너지를 상징하므로 코딩을 배우는 것도 괜찮다. 콘서트, 영화관 등 불 기운이 강한 곳을 자주 방문해도 좋다.

게임 캐릭터나 만화 캐릭터, 자신이 좋아하는 연예인의 피규어를 모으는 일은 불 에너지에 속한다. 고무와 플라스틱이 불 에너지 재료이기 때문이다. 그러므로 불 에너지가 부족한 사람에게 피규어 수집은 안성맞춤의 취미다.

예술작품

불 에너지를 채울 수 있는 그림으로는 앙리 마티스의 〈붉은색의 조화The Dessert: Harmony in Red〉, 〈분홍 화실The Pink Studio〉, 〈붉은 화실The Red Studio〉, 〈삶의 기쁨The Joy of Life〉, 앙리 드 툴루즈 로트레크의 〈물랭루주Moulin Rouge〉, 폴 고갱의 〈빨간 원피스를 입은 여인Woman in Red Dress〉, 구스타프 클림트의 〈여자 친구들The Women Friends〉, 피트 몬드리안의 〈빨강, 파랑, 노랑의 구성Composition with Red, Blue and Yellow〉 등이 있다.

영화로는 〈부산행〉, 〈암살〉, 〈광해, 왕이 된 남자〉, 〈7번방의 선물〉, 〈태극기 휘날리며〉 등이 강렬하고 역동적이어서 불 에너지와 연관된다.[8]

레드 푸드

붉은색 식재료에든 라이코펜Lycopene은 피를 맑게 하고, 심장을 건강하게 하며 혈압을 낮춰주고 동맥경화와 같은 성인병이나 혈전이 생기는 걸 막아 대장암이나 유방암 등을 예방해준다. 대표적인 식품으로 석류, 토마토, 대추, 구기자, 오미자, 사과, 복분자, 팥, 산수유, 쇠고기, 백년초와 당근, 새우, 꽃게와 조개류, 편육, 대추고, 산딸기, 레드 와인 등이 있다. 붉은색 육류나 홍삼도 추천한다. 와인 역시 레드 푸드로 불 에너지를 높이는 데 도움이 된다.

에너지의 연결고리

흙 에너지로 밸런스 맞추기

흙 에너지의 특징과 흙 에너지를 다루는 법

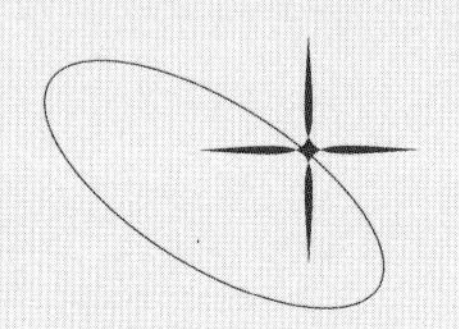

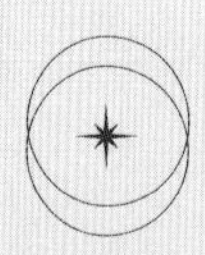

흙 에너지의 특징

흙 에너지가 적당할 때 나타나는 특징

흙은 나를 둘러싼 주변 에너지의 영향을 많이 받는다. 사주에 나무나 물이 많다면 이를 감소시킬 흙 에너지(목극토, 토극수)가 필요하다. 이러한 경우가 아니라 해도 흙은 오행 에너지를 연결하기 때문에 에너지의 원활한 흐름 면에서 중요하다. 보통 한 에너지가 과한 것은 문제가 되지만 흙 에너지는 많아도 긍정적인 편이다.

흙 에너지는 풍요와 안정, 믿음과 신뢰, 그리고 재물을 의미한다. 사주에 흙 에너지가 많으면 포용력과 베푸는 마음이 있으나 고집이 세고 쉽게 나태해진다는 단점이 있다. 상징색은 노란색이며 숫자로는 5와 10, 방향은 중앙을 가리키고, 음양의 성질을 동시에 띤다. 신체로는 위장, 비장, 피부 상태와 관련된다. 시간의 흐름에서는 불혹의 중년기다.

흙 에너지는 부동산과 관련이 많으므로 이와 연관되는 직업을 갖는 것이 좋다. 재물도 부동산으로 축적하는 편이다. 계절로는 봄과 여름, 여름과 가을, 가을과 겨울을 연결하는 환절기를 의미한다. 그래서 직업도 사람과 일, 일과 일을 연결해주는 중개업이 적성에 맞는다.

정직, 신뢰, 강한 책임감

흙 에너지는 음양을 균형 있게 갖춘 유일한 오행이다. 자신을 과하게 드러내거나 숨기지 않고 적당히 균형을 맞추는 중용의 삶을 산다. 이 때문에 흙 에너지가 발달한 사람은 신뢰감이 높은 편이다.

끈기 있게 계획한 일을 완수하려 하며 어느 정도 고집이 있어 잘 휘둘리지 않는다. 그래서 흙 에너지를 대표하는 이미지는 과묵이다. 생각이 많아 눈앞에 놓인 이익을 놓칠 만큼 가볍게 선택하지 않는 반면, 배려심이 깊기 때문에 타인의 희생이 따른다면 이익을 쉽게 포기할 만큼 관대한 편이다. 리더 성향으로 강한 카리스마로 일을 진행한다.

하지만 계획이 치밀하지 못해 일을 그르칠 수도 있는데, 이때는 자기방어적 기질이 나타나 자기 포장을 하며 변명을 늘어놓기도 한다. 구속받는 것을 싫어하며 때로는 산만한 모습을 보인다. 흙의 특성처럼 속내를 드러내지 않는 성격으로 오해를 사기도 한다.

풍부한 창의력과 순발력

본래 흙에는 많은 것이 숨어 있다. 이는 사람에게도 적용되는데 흙 에너지의 사람은 창의적인 아이디어를 순식간에 내놓는 재주가 있다. 대운이나 세운의 영향으로 마음속에 숨겨진 잠재력을 발휘해야 할 때는 본인도 알아차리지 못할 무한한 창의성을 발휘한다. 감정이 풍부하며 언변이 뛰어나다.

컬렉터 기질

자신을 따르는 사람들을 모아서 모임을 만들거나 재물, 명예 등을 쌓는 것을 좋아한다. 흙 에너지가 적당하다면 이러한 긍정적인 에너지는 돈과 명예를 얻게 해준다. 사람이 돈이 된다는 이치를 따져보면 흙은 많은 기회를 갖고 있는 셈이다.

흙 에너지가 약할 때 나타나는 특징

약한 신뢰도

앞서 말했듯이 흙은 신뢰의 상징이다. 따라서 흙 에너지가 없거나 부족하다면 대인관계에서 신용을 얻기 힘들어진다. 신뢰는 한번 깨지면 새로 쌓는 데 시간이 오래 걸릴뿐더러 쉽게 생기지도 않는다. 그러므로 사주에 흙이 없다면 적극적으로 흙 에너지를 만들기 위해 노력해야 한다.

소심함, 계산적

융통성도 없어지고 소심해져 자신을 책망하거나 후회를 잘한다. 돌발 변수가 생기면 순발력 있게 대처하지 못하고, 실패를 자신의 탓으로 돌린다.

사람을 사귀기 어려워한다. 자신의 이익을 먼저 생각하므로 관계를 맺을 때 조건을 따진다. 본인이 해야 할 일도 하기 싫으면 절대 하지 않는 등 매사 까다롭게 군다. 연인이나 친구 등 가까운 사이도 자신의 이해관계에 따라 평가한다.

과한 배려

타인의 감정이나 생각을 지나치게 배려하므로 사람에게 집착할 수 있다. 다른 사람 말에 휩쓸려 주관이 없어지고 일을 처리할 때도 만족할 만한 결과를 얻지 못한다. 덮고 감추어야 할 흙이 없다 보니 비밀까지 다 털어놓아 타인에게 이용 당해 손해를 볼 수 있다. 따라서 적당한 거리를 유지하고 사람을 사귀어야 하며, 의리는 필요할 때 발휘해야 한다는 걸 잊지 말아야 한다.

게으름, 고지식함

자신이 원하는 것을 실천하지 못하고 생각만 하다 끝이 난다. 이를 본 사람들은 게으르거나 의욕이 없다는 편견을 가질 수 있다.

사고력이 저하되어 생기는 부작용 중에는 문제를 만들지도 드러내지도 않는 행동과 평화만을 추구하는 평화 집착증, 게으름, 폭식증 등이 있으며 이 때문에 고립되기도 한다.

위장, 비장 질환

흙 에너지가 부족하면 위장, 비장, 여성 생식기에 문제가 생길 수 있다. 특히 위장은 여러 가지 건강 문제가 시작되는 중요한 장기이므로 세심하게 관리해야 한다.

강한 지구력, 낮은 스트레스

흙 에너지가 부족해서 생기는 긍정적인 면도 있다. 어려운 일이 있어도 끈기와 지구력으로 묵묵하게 끝까지 해나간다. 스트레스에 민감하지 않아 맡은 바 책임을 다할 수 있다.

부족한 흙 에너지를 채우는 공간 인테리어

흙 에너지를 채우는 인테리어 방법

흙은 우리 삶과 가장 가깝게 맞닿아 있는 에너지다. 조상들은 흙을 발라 집을 짓고, 흙을 구워서 만든 기와를 지붕에 얹었으며, 그릇을 만들고, 흙의 영양분을 활용해 식물을 키우고, 훌륭한 문명을 발전시켰다. 그래서 흙은 공간의 기본 요소다.

만약 물이 2~3개 이상으로 너무 많으면 물을 조절할 흙이 꼭 필요하므로 흙 에너지를 채우기 위해 열심히 노력해야 한다.

황토집으로 이사 가기

황토는 친환경 재료로써 내부 마감재, 타일, 소품 등으로 활용된다. 황토가 뿜어내는 원적외선은 세포의 흐름을 원활히하고 몸에 열을 발생시켜 땀이나 소변으로 유해 물질을 방출하게 한다. 정화력, 분해력도 좋아 인체의 해독제로도 활용된다.

찜질방은 고온에 달궈진 흙 에너지를 온몸으로 느낄 수 있으므로 흙 에너지가 필요한 사람들에게는 더할 나위 없이 좋은 장소다.

타일이나 벽돌로 집 꾸미기

타일은 흙을 구워 내구성과 단열성을 높인 마감재로 주택이나 건물의 외벽, 실내 공간 등에 다양하게 사용된다. 때로는 독특한 무늬와 색상의 타일로 장식 벽을 만들기도 하는데, 이는 공간에 포인트를 주어 활력과 고급스러운 느낌을 더한다. 자기질 타일은 유약을 발라 다시 구워낸 것으로 방수 기능이 뛰어나 물이 닿아도 쉽게 썩거나 곰팡이가 피지 않는다.

흙으로 만든 마감재를 제대로 관리하지 않으면 먼지가 쌓여 주변의 공기를 나쁘게 해 소탐대실하는 상황이 될 수도 있다. 따라서 실내 마감재로는 적절하지 않으니 상업 공간이나 베란다의 한 면 등 제한적으로 사용하는 것을 권장한다.

흙을 원료로 한 페인트와 미장재 쓰기

흙과 허브, 편백, 쪽, 옥, 숯 등 천연 재료로 만든 미장 마감재와 친환경 페인트 같은 무해한 마감재의 인기가 높아지고 있다. 이런 재료는 아이들의 정서 발달과 건강에 도움을 주며 심신을 안정시킨다. 실내 공기질 정화, 새집 증후군 감소, 아토피 치료에도 효과적이어서 삶의 질을 높인다.

친환경 원료를 제품에 적용한 숨 타일은 악취를 잡아주는 기능이 탁월하다. 규조토는 불에 잘 타지 않고 습도 조절 능력이 우수하며 새집 증후군의 원인이 되는 폼알데하이드formaldehyde와 휘발성 유기화합물을 제거하는 기능이 뛰어나다.

넓은 벽에 흙을 상징하는 베이지색, 갈색, 황토색, 황갈색, 황회색 등의 페인트를 발라주는 것도 흙 에너지를 높이는 좋은 방법이다.

그 밖에 노란색 계열의 쿠션이나 러그, 패브릭 소파, 밝은 오크색의 액자나 수납장 등에서도 흙 에너지를 얻을 수 있다.

정사각형을 이용해 공간 디자인하기

가구와 소품에 흙 에너지를 상징하는 정사각형을 사용하면 좋다. 예를 들어 몰딩을 숨기는 마이너스 몰딩이나 문이나 거실 수납장을 숨기는 히든 도어는 사각형 구조를 돋보이게 한다. 정육면체의 공기 청정기나 정사각형의 티 테이블을 거실 중앙에 배치하는 것도 좋다.

부족한 흙 에너지를 채우는 소품

흙 에너지를 채우는 소품 활용법

스페인을 대표하는 건축가 안토니오 가우디Antoni Gaudi가 설계한 구엘 공원은 조각낸 타일을 면으로 이어 붙여 마감한 것이 특징이다. 타일로는 나타내기 힘든 곡선의 부드러움이 강조된 트렌카디스trencadis 기법은 특별한 장소나 가구 등을 마감할 때 자주 쓰인다.

스페인은 열정적이고, 다혈질이 특징인 불 에너지가 강한 나라다. 이곳에 불 에너지를 감소시키는 흙 에너지(화극토) 건축물이 생기면서 에너지가 적절하게 순환하며 균형을 이루었다. 특히 구엘 공원처럼 흙 에너지가 강한 가우디의 작품들이 세계적으로 명성을 얻게 된 것은 에너지 밸런스의 순기능이다.

건축물 대신 소품으로 에너지 밸런스를 맞출 수 있다. 우리나라에서는 훌륭한 문화유산인 고려청자와 백자를 예로 들 수 있다. 청자와 백자의 인기가 높은 것은 작품에서 느껴지는 깊은 우아함과 아름다움 때문이기도 하지만, 사주의 관점에서는 나무 에너지가 강한 우리나라에서 목극토로 이어지는 에너지 흐름이 시너지를 일으키기 때문이기도 하다.

이처럼 자기 외에 흙 에너지가 담긴 소품으로는 무엇이 있는지 알아보자.

항아리

항아리는 음식을 발효시키고 저장하는 기능이 탁월하다. 하지만 지금은 마당이 없는 집이 많고 냉장고가 있어 수경 재배용이나 생활 소품으로만 쓰이고 있다. 만약 넓은 마당이나 베란다가 있는 집이라면 꼭 항아리를 갖춰두라고 말하고 싶다.

지인 중에 된장이나 고추장을 취미로 담그는 사람이 있다. 강원도 홍천에 사는 그녀는 넓은 마당 한편에 장독대를 만들어서 해마다 장을 담그고 이름표까지 붙여준다. 그녀의 사주는 나무와 불로 흐르는 양 에너지와 금과 물로 흐르는 음 에너지가 적절하게 조화된 좋은 사주였다. 그런데 단 한 가지, 흙 에너지가 없었는데 1년 내내 장을 담그고 항아리를 관리하는 일로 스스로 에너지의 조화를 만들어내고 있었다. 그녀는 항상 따뜻하게 상대를 잘 배려했다. 맛있게 익은 장과 그 장으로 만든 밑반찬을 주변 사람들에게 나눠주며 살뜰히 챙기는 모습을 볼 때마다 '어쩜 저렇게 사람이 선할까'란 생각이 절로 들었다.

자신에게 없는 에너지를 채우면 스스로 느끼지 못하는 사이에 좋은 인간관계가 맺어지기도 한다. 그녀를 아는 지인들은 우스갯소리로 "당신을 모르는 사람은 있어도 한 번 연락하고 마는 사람은 없을 것."이라고 했다. 그만큼 많은 사람이 그녀와의 관계를 돈독하게 이어나갔다. 그녀의 삶은 부족한 에너지를 직접 채워나가는 좋은 사례다.

토분

인테리어 목적으로 식물을 키우는 '플랜테리어'가 일상화되었다. 소중한 식물을 죽이지 않기 위해 사람들은 흙과 영양에 신경 쓰기 시작했고, 식물에 맞는 화분을 골라 분갈이를 해주기도 한다. 이때 생명력이 강한 식물은 유약이 발린 도자기나 플라스틱 화분을 사용해도 되지만, 세심한 관리가 필요한 식물은 통풍이 잘되는 토분으로 바꿔주는 게 좋다. 토분은 흙 에너지를 북돋고 주변 인테리어와도 잘 어울리는 좋은 소품이다.

도자기 식기

우연히 알게 된 한 지인의 대저택을 인테리어한 적이 있다. 그 집에는 거실 한편에 큰 장식장이 있었는데 이곳에는 지인의 시어머니가 모은 아름답고 우아한 그릇들이 세트별로 진열되어 있었다.

돌아가신 시아버지는 생전에 새해마다 유명 사주명리학자를 불러 운세를 보았다고 한다. 그래서인지 지인은 자신에게 부족한 에너지를 채우기 위해 종종 사람들을 만나 밥을 산다고 했다. 아마 시어머니도 마찬가지 아니었을까. 그녀의 시어머니는 전형적인 금과 물의 사주였으므로 부족한 흙 에너지를 그릇으로 채웠을 것이다.

도자기 중에서 대중적인 브랜드인 코랄은 가성비가 좋은 식기류지만 강화유리로 만들어졌기 때문에 금 에너지에 속한다. 본차이나처럼 소뼈를 갈아 넣은 도자기 역시 금 에너지에 속하므로 원료를 잘 확인해 에너지의 흐름을 파악해야 한다.

그릇 외에 흙으로 만든 인형이나 피규어 등을 소품으로 들여도 된다. 흙 에너지를 더 채우고 싶다면 흙을 상징하는 동물인 용, 개, 소, 양을 형상화한 장식품을 두어도 좋다.

흙 침대

흙으로 만든 가구는 신체에 직접 닿기 때문에 흙 에너지를 채우기에 적합하다. 단, 돌 침대는 금 에너지를 갖고 있으니 흙 침대와 헷갈리지 말아야 한다.

부족한 흙 에너지를 채우는 생활 습관

생활 습관으로 흙 에너지를 채우는 방법

흙에는 숨은 가치가 많다. 영양분이 가득한 먹거리를 길러내고, 그릇으로 재탄생해 음식을 저장하고, 저장된 음식으로 건강한 식문화를 제공한다. 흙은 어느 방향으로도 흔들리지 않는 중용의 원리를 상징하므로 공간에 흙 에너지가 머물면 편안함과 여유로움을 느끼게 된다. 몸에서 흙의 중후하고, 신뢰감 있는 에너지를 만들어내려면 집 근처에 흙을 가까이할 만한 장소를 물색해 부족한 집중력과 자기 확신을 높일 수 있는 환경을 조성하는 것이 좋다.

올바르게 호흡하기

흙 에너지는 호흡과 연결된다. 호흡은 몸의 안팎을 연결해주는 탯

줄이다. 숨을 쉬면서 공기 중에 포함된 오행 에너지를 몸에 공급하고 몸속에 있던 에너지를 밖으로 꺼내 공간에 불어넣는다. 방법은 간단하다. 복식 호흡이나 단전 호흡처럼 숨을 코로 깊게 들이마시고 입으로 내쉰다. 이 방법을 쓰면 입으로 숨 쉬는 버릇도 고칠 수 있다.

사주에 흙 에너지가 부족한 고객을 만난 적이 있다. 이를 보완하기 위해 소파를 금색으로 교체하고, 기르던 식물은 토분으로 분갈이했다. 주방 벽은 예쁜 도기 타일로 바꿔주었다. 마지막으로 위염으로 고생하는 그분에게 기상 후 5분, 잠들기 전 5분 동안 복식호흡을 하며 명상을 해보라고 권했다. 나중에 들은 얘기로는 무호흡증으로 힘들었던 잠자리가 호흡법과 명상으로 조금은 편해졌고, 위산과다도 완화되어 속이 한결 편해졌다고 한다.

집중력 향상시키기

흙 에너지가 없으면 집중력이 떨어지고 산만해진다. 그러므로 명상이나 수련으로 집중하는 습관을 길러야 한다. 집중력은 독서를 하거나 요가 또는 필라테스로 코어 근육을 키우거나 제대로 된 호흡법을 익히면 높아진다. 노래 부르기도 집중력을 향상시키는 좋은 방법이다.

저층으로 이사 가기

단독주택이나 테라스 하우스, 앞마당이 있는 타운 하우스 같은 거주 환경에서는 흙을 가까이하기 쉽다. 하지만 굳이 이런 곳으로 이사 가지 않아도 옥상이나 베란다에 화단을 만들어 채소나 꽃을 가꾸면 흙 에너지를 온몸으로 받아들일 수 있다.

앞마당을 제대로 활용하도록 예쁘게 꾸며달라는 의뢰를 받은 적이 있다. 나는 주물로 만든 흰색 장식문을 설치하고 사시사철 즐길 수 있는 꽃을 심어주었다. 내부와 외부 천장은 어닝으로 연결했다.

산후 우울증으로 고생하고 있던 집주인은 인사차 방문할 때마다 예쁘게 가꾼 정원을 보여주며 행복해했다. 아마도 그녀는 금이나 물 에너지가 많은 사람이 아니었을까 한다. 이런 사주의 단점인 예민함을 흙 에너지로 중화하면서 몸과 마음이 편해진 것이다.

맨발로 흙 밟기

광릉수목원에는 맨발로 걸을 수 있는 흙길이 있다. 발바닥에 느껴지는 부드러운 황토의 감촉을 잊지 못해 매일 많은 사람이 이곳을 찾는다. 이렇게 신체를 이용하는 것은 가장 적극적인 에너지 보충 방법이다. 꼭 유명한 수목원이나 공원이 아니어도 가까운 언덕이나 산, 공원을 찾아 신발과 양말을 벗고 직접 흙을 밟아보자.

흙을 직접 몸에 바르는 방법도 있다. 머드 축제에 참여해서 아이들과 함께 즐거운 시간을 갖는 것이다. 여의치 않다면 머드팩을 수시로 사용해도 부족한 흙 에너지를 채울 수 있다.

항아리에 저장된 음식 섭취하기

항아리에서 자연 발효된 음식을 섭취하면 영양소와 함께 부족한 흙 에너지를 함께 공급받을 수 있다. 특히 위장 질환으로 고생하는 사람에게는 장류로 만든 요리가 치료에 도움이 된다.

산, 수목원으로 여행 가기

지리산처럼 흙이 많은 산이나 암벽이 많은 관악산, 설악산 같은 곳에서 흙 에너지를 채워보자. 흙이 넘친다면 나무가 많은 산이나 수목원을 방문한다(목극토). 금은 바위나 열매 등을 뜻하기 때문에 암반이 많은 계곡을 찾거나 과실이 열리는 시기(딸기 3월, 매실 6월, 포도 및 복숭아 7월, 곡식 9~10월 등)를 보고 해당 장소를 찾아가는 것도 좋다.

부족한 흙 에너지를 채우는 직업 및 인간관계

직업 및 인간관계로 흙 에너지를 채우는 방법

흙은 주변 에너지를 따라 그 에너지로 변하는 특징이 있다. 용암처럼 불 에너지로 드러나기도 하고, 식물과 만나면 나무 에너지가 되기도 하며, 금과 물 에너지처럼 자신을 드러내지 않는 무색무취처럼 보일 수도 있다. 이처럼 흙은 금과 나무, 불과 물처럼 서로 충돌하는 에너지도 골고루 품어 대립과 다툼을 조율하며 변화와 창조를 이루어나간다.

흙은 인간관계에서도 만나는 상대에 따라 자신의 특성을 다르게 표출한다. 계절을 연결하고 사람을 이어주는 흙의 특성에 맞는 직업을 선택해서 흙 에너지를 보충하는 것도 좋고, 자신의 오행에 맞는 사람들을 잘 선별해 인간관계나 비즈니스를 쌓는 것도 좋은 방법이다. 흙 에너지가 부족하면 삶에 안정감이 떨어지고 한곳에 정착하기 힘드니 주의해야 한다.

직업 및 적성

사람과 사람, 계절과 계절을 연결하는 흙의 특성은 중개사나 컨설턴트, 부동산 관련 직업이나 흙의 특징처럼 조용히 본연의 업무를 수행할 수 있는 종류의 직업을 찾는 것이 좋다.

전공	
인문계열	어문학, 법학
사회계열	외교학, 부동산학, 관광학, 임학
교육계열	심리교육학, 교육학
공학계열	건축공학, 토목공학, 항공공학
의약계열	의예과
예체능계열	연극영화학, 패션디자인학, 실내디자인학
기타	교도학

직업	
전문직	동시통역사, 외교관, 교사, 판사, 검사, 변호사, 비행사, 교도관, 심리상담사, 아나운서, 기상 캐스터
서비스직	부동산 중개업, 여행 가이드, 이벤트업, 스튜어디스, 요식업, 숙박업, 관광업
판매직	운동기구 판매업, 도자기 판매업
농업, 어업	농부
학자	교수
제조업 및 기술직	토목기사, 건축사, 토목사, 건축 감리사
기타	작가, 저널리스트, 영화제작자, 영화감독, 연예인, 여행가, 산악인, 운동선수, 종교인

늦은 결혼을 앞둔 여성 대표가 지인의 소개로 인테리어를 의뢰해온 적이 있다. 그녀는 금 에너지의 성향을 잘 활용하여 IT 기업 창업자이자 그 분야에서 성공을 거둔 대표적인 인물이 되었다. 하지만 그녀는 흙 에너지가 부족해 사람들과 어울리며 여유로운 삶을 누리지는 못했다. 미혼일 때는 괜찮을 수 있지만 결혼을 하고 아이가 생기면 불협화음이 생길 것 같았다. 이를 보완하기 위해 나는 그녀에게 자신의 존재 가치를 지키면서(금 에너지) 많은 사람에게 유용한 정보를 주고 사람과 사람 간의 연결고리를 만드는(흙 에너지) 소규모 창업 노하우 모임을 운영해보라고 권했다. 또한 취미를 함께 공유할 수 있는 모임에 참석하거나 미혼인 사람에

게 짝을 찾아주는 중매자 역할도 추천했다. 이것들은 모두 그녀에게 흙 에너지를 보충할 수 있는 새로운 직업인 셈이었다.

이후 그녀는 한층 밝은 표정으로 임신 소식을 알렸다. 나의 조언을 믿고 모임을 갖으며 이것저것 시도해보니 어렵게만 느껴졌던 인간관계도 원활해졌고 좋은 부모가 될 긍정적인 마음도 얻었다는 이야기를 들려주었다. 나는 그녀의 말을 들으며 사람에게 흙 에너지가 왜 필요한지 다시 한번 깨닫게 되었다.

인간관계

사주에 흙이나 불 에너지를 가진 사람과 자주 만나거나 사주에 흙 에너지가 2개 이상인 사람, 불 에너지가 2개 이상인 사람과 연애하면 나에게 부족한 에너지를 채울 수 있다.

흙 에너지가 강한 사람들과 좋은 관계를 유지하기 위해서 조심할 것이 있다. 자신의 허점을 보이지 말고 신의를 지킬 것. 마음이 급해도 서두르지 말고 차근차근 친해질 것. 공생 관계를 염두에 둘 것. 흙 에너지가 강한 사람은 절대로 자신을 있는 그대로 드러내지 않는다. 겉으로 드러난 행동이나 말이 속내와 다를 수 있으니 숨은 뜻을 잘 파악해야 한다. 어리숙해 보여도 실제로는 실속을 챙기는 타입이니 주의해야 한다. 감정적으로 틀어지면 사방에 소문이 날 수도 있다.

흙은 오행 에너지 중에서도 사주명리적 해석이 가장 어렵다고 한다. 겉으로 보이는 것 이외에 흙에 담긴 물질이나 특성에 주변의 에너지가 함께 변하기 때문이다. 따라서 흙 에너지가 강한 사람을 대할 때는 보여지는 것뿐 아니라 이면의 것도 함께 보고 파악해야 하며, 이런 사람과 비즈니스를 하거나 친분을 쌓게 된다면 특성을 잘 이해하고 각별히 조심해야 한다.

부족한 흙 에너지를 채우는 오감 밸런스

오감으로 흙 에너지를 채우는 방법

흙 에너지가 부족한 사람이 계획한 목표를 향해 올곧게 전진하고 싶다면 환경과 공간을 변화시켜 흙 에너지가 채워지는 경험을 해야 한다.

흙은 중앙에 위치하므로 주변과 뚜렷하게 구분되지 않는다. 흙의 영토나 확장성은 오로지 환경에 의해 결정되기 때문이다. 흙을 상징하는 노란색은 긍정적이고 낙천적이며 관계 지향적이다. 흙 에너지의 사람 역시 이런 특징이 두드러지며 대인관계는 폭넓고 원만하다. 인기가 많고 주목받는 사람이기도 하다. 노란색을 잘 활용하면 흙 에너지의 긍정적인 흐름을 만들 수 있다. 노란색의 가방, 옐로 푸드가 나타내는 긍정적인 오행 에너지의 흐름으로 내가 원하는 에너지의 밸런스를 만들어보자.

색

흙을 상징하는 노란색은 밝은 에너지로 희망과 행복을 상징해 주변 사람들을 즐겁고 긍정적이게 만든다. 다른 색에 비해 밖으로 강하게 발산되는 속성으로 주위의 시선을 끌어야 하는 도로 교통 표지판이나 위험 표시 등에 쓰이기도 한다. 노란색의 가구나 소품은 인테리어에서 경쾌하고 명랑한 기분을 만들고 싶을 때 사용한다. 오렌지 색과 갈색이 갖는 감성을 잘 이용하면 흙 에너지를 채울 수 있다.

공간에서 원색인 노란색 계열을 인테리어에 이용하기에는 한계가 있으므로 생활용품에 노란색 패턴이나 색감이 들어가 있는 제품을 사용하는 방법을 써도 된다. 예를 들어 자동차 핸들 커버나 목 베개 등을 노란색이나 금색으로 교체하는 것이다.

노란색이 유난히 잘 어울리는 지인이 있었다. 다른 사람이라면 부담스러워 보일 쨍한 노란색의 겨울 코트나 가방, 신발을 자주 사용했다. 궁금해서 왜 그러는지 물어본 적이 있다. 그녀는 노란색이 자신에게 재물이 된다고 이야기했다. 옷 장사를 하다 실패하고 사주를 보러 간 곳에서 금색을 추천해준 것이다. 이후 그녀는 금색 대신 비슷한 계열인 노란색을 활용하게 되었다고 한다. 가십으로 흘려들었던 친구들은 그녀가 사업으로 큰돈을 벌자 너도나도 그 역술가를 찾아갔다고 한다.

나는 그녀가 단순히 노란색을 입어서 인생이 바뀌었다고 생각하지는 않는다. 다만 그 조언을 계기로 자신에게 부족한 에너지를 채우고 운을 기회로 만들기 위해 부단하게 노력했던 게 이점으로 작용했을 것이다.

방향과 숫자

흙이 상징하는 중앙은 기준이 애매하다. 자신이 사는 방향에서 동서남북을 제외하면 현재 머물고 있는 곳이 중앙이기 때문이다. 중국은 자국 중심적으로 보면 중앙이지만, 우리나라를 기준으로 보면 서북쪽이다. 따라서 중앙을 구별하기 어렵다면 자신이 머물고 있는 지역을 기준으로 생각하자. 해외에서는 중앙아시아, 중국 등이 해당되며 국내에서는 대전 정도가 적당하다.

흙을 상징하는 숫자로는 5와 10이 있다. 전화번호나 아파트 층수, 호수나 자동차 번호를 결정할 때 이 숫자를 적극적으로 활용한다. 또한 부동산 숫자나 재물의 크기를 설정할 때도 이 숫자를 고려하는 것이 좋다.

패션과 코디

지갑은 재운을 의미하며 인간관계나 사업운을 상승시키는 매우 중요한 물건이다. 현재 재물이 없거나 사업이 잘되지 않는다면 당장 지갑을 바꿔보는 것도 좋다. 특히 금색이나 황갈색처럼 노란색이 섞인 지갑이 재물운을 좋게 한다.

메이크업은 볼륨 있는 눈매와 생동감 있는 입매, 선명한 립라인, 살짝 올라간 입꼬리가 포인트다. 눈썹은 산을 강조하지 말고 약간 두툼하게 그리는 것이 좋다. 아이라인은 브라운 계열로 그린 후 노란 기가 살짝 도는 베이지 섀도로 그러데이션을 주어 깊고 그윽하게 연출한다. 립은 립라이너로 입술 산을 둥글게, 입 가장자리는 살짝 치켜 올라간 듯 그린다. 레드 와인 립스틱으로 라인 안쪽을 꼼꼼하게 메워준다. 흙 에너지가 부족할 때 청록색은 좋지 않다. 청록색을 사용하고 싶다면 노란색이나 빨간색을 섞어 따뜻한 느낌을 살려야 한다.

향수는 비누, 우유, 버섯 향이 좋다. 파우더리하고 달달한 우유 향을 머금은 불가리의 '레젬메 칼라루나', 우유 식빵 향이 나는 샤보의 '레꽁상뜨레', 장미 비누 향의 산타 마리아 노벨라의 '엔젤 디 피렌체', 크리미한 우유 향이 나는 샹테카이의 '페탈', 파우더리한 비누 향의 산타 마리아 노벨라의 '아쿠아 디 콜로니아 무스치오' 등이 있다.

헤어스타일은 중단발이 좋으며 염색은 황갈색이나 금색, 황적색 등의 노란 계열을 선택한다. 타투는 용이나 개, 소나 양을 형상화한 모양이나 숫자 5나 10을 활용하면 좋다.

흙 에너지를 보충하기 위해서는 세미 캐주얼이나 세미 정장을 입는다. 가방이나 지갑은 몸에 꼭 지니고, 의상이나 제품의 패턴은 복잡한 전통 문양을 추천한다. 오버 핏처럼 크고 늘어지는 스타일이나 주머니가 많은 옷도 좋다. 프릴이나 레이스와 패치워크 같은 화려한 원단은 흙 에너지를 상징한다.

보석은 침수정, 황수정, 호박, 호안석, 아라고나이트, 노란색 사파이어, 캐츠 아이 등 노란색 계열을 추천한다. 원석을 깎아 만든 제품을 착용하거나 침실이나 서재 등에 원석을 장식하는 것도 좋다.

취미

흙을 만지고 밟는 모든 행위가 도움이 된다. 도자기 공예는 흙 에너지를 채우는 좋은 에너지 보충법이다.

예술작품

그림으로는 빈센트 반 고흐의 〈해바라기Sunflowers〉, 〈고흐의 방The Bedroom〉, 〈밤의 카페 테라스Café Terrace at Night〉, 〈밤의 카페The Night Cafe〉, 〈까마귀가 나는 밀밭Wheatfield with Crows〉, 클림트의 〈키스The Kiss〉, 앙리 마티스의 〈화가의 가족The Painter's Family〉, 장 프랑수아 밀레의 〈이삭 줍는 사람들The Gleaners〉 등이 있다.

영화로는 〈미녀와 야수〉, 〈라라랜드〉, 〈골든 에이지〉, 〈미니언즈〉, 〈그랜드 부다페스트 호텔〉, 〈호텔 슈발리에〉, 〈중경삼림〉 〈공작부인: 세기의 스캔들〉처럼 화려한 색감이 음악과 경쾌하게 어우러지는 영화가 좋다.

옐로 푸드

황색은 인체에서 비장, 위, 입과 관련이 있다. 황색을 띠는 음식은 소화를 돕고, 염증을 억제하는 효과가 있으며 호흡기 질환, 천식, 근육 수축증 등을 예방한다. 옐로 푸드에 포함된 카로티노이드carotenoid는 노화를 억제하며 항암효과를 지니는데 약호박, 벌꿀, 인삼, 잣, 밤, 고구마, 귤, 치자, 옥수수, 노른자, 기장, 쌀, 도라지, 단감, 유자 등에 많이 함유되어 있다. 이런 재료를 활용한 음식을 만들어 먹으면 좋다. 이 밖에도 연근과 칡, 마 등 뿌리채소는 흙 에너지의 보고가 된다.

시작을 상징하는 나무 에너지로 밸런스 맞추기

나무 에너지의 특징과 나무 에너지를 다루는 법

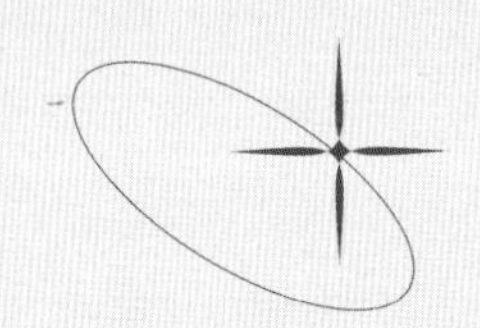

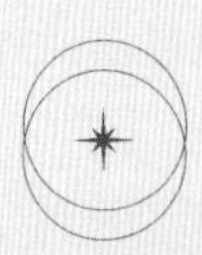

나무 에너지의 특징

나무 에너지가 적당할 때 나타나는 특징

나무는 생명과 시작, 땅에서 솟아나는 에너지를 의미한다. 본성은 어질고 질서를 잘 지키며 어떤 일이든 순서대로 차근차근 실행하는 걸 선호한다. 결과보다는 과정을 중요하게 생각하고 동심, 호기심, 창의력, 자존감, 미래지향, 활동성 등이 키워드다.

일간에 갑甲, 을乙이 포함되어 있다면 호기심이 많아 새로운 일에 도전하려는 의지가 강하나 싫증을 잘 내고 주변 환경에 심리적 영향을 많이 받는다.

강한 추진력

오행 중 유일한 생명체로 생기와 활기를 품고 있다. 이런 에너지는 꿈과 희망, 포부가 있어 어떤 일이든 적극적으로 앞장선다. 사람을 적재적소에 배치하거나 큰 틀에서 일을 구조화하는 것에 탁월하다. 즉, 나무보다 숲을 그리는 능력이 뛰어나다. 의욕이 넘치는 편이라 열정을 넘어서 집착하기도 한다. 반면 마무리하는 에너지가 약해 결실을 거두지 못하거나 응용력이 떨어지는 경우가 많다.

뛰어난 학구열

배움을 좋아해 관심 있는 일은 머뭇거리지 않고 일단 시작하고 본다. 상상력과 도전 정신 또한 뛰어나 새로운 분야나 취미를 눈여겨본다. 본인이 좋아하는 분야에 학구열이 높으므로 학업운이 좋은 편이다. 그러나 꼼꼼하게 분석하고 연구하는 복잡한 분야에서는 집중력이 떨어져 재능을 발휘하기 어렵다.

리더십의 표상

인기가 많아 어딜 가나 관심과 주목을 받는다. 주위 사람들을 이끌며 서로 화합하게 만드는 능력이 뛰어나기 때문에 모임이나 단체에서 리더의 역할을 자주 맡는다. 대체로 여유롭고 느긋하며 자신의 욕망과 명예, 자존심을 쉽게 드러내지 않으면서 목적을 성취한다.

원칙주의자

내면에 규칙과 원리 원칙이 있어 스스로 지키려고 노력한다. 그래서 융통성이 부족하다거나 자기주장과 고집이 세다는 이야기를 들을 수 있다. 이런 성향이 잘못 발휘되면 예민하고 독단적이라고 평가받을 수 있다.

회복 탄력성이 낮아 추진하던 일을 실패하면 오래 좌절하거나 우울해한다. 난관을 만났을 때 쉽게 포기하는 나약함도 지니고 있다. 저항력이 강해 사소한 억압에도 힘들어한다.

순수, 천진난만

매사를 긍정적으로 관조하며 사람들을 따뜻하고 다정다감하게 대한다. 이런 모습은 순수하다는 느낌을 주지만 반대로 철없는 사람으로 보이게도 한다.

나무 에너지가 약할 때 나타나는 특징

소극적, 부정적, 폐쇄적

일을 추진할 때 부정적인 면을 먼저 생각해 일을 소극적으로 추진한다. 실패에 대한 두려움을 이기지 못해 쉽게 불안해하므로 결단력이 떨어진다. 이런 사람은 새로운 일에 도전하기보다 기존에 하던 틀에서 처리하는 일을 선호한다. 부정적인 마음이 더 커지면 매사 의욕이 떨어지고 무료해 무기력증에 빠지기 쉽다.

평소 일에 대한 목표나 기대치가 없고 목적의식이 약하다. 변화를 두려워해 창의성이 발휘되기 어려우며, 상사가 되었을 때 부하 직원의 창의적인 생각을 무시하고 기존 틀을 강조하는 꼰대로 전락할 수 있다.

약한 실천력, 리더십

주변 환경에 비관적 태도를 보이며 남에게 의지하려는 마음이 강해 잘 휘둘린다. 또한 어떤 일에 성공하더라도 본인이 아니라 타인의 영향력이나 누군가의 힘에 떠밀려 억지로 만들어낸 결과만 손에 쥘 뿐이다. 이렇게 하면 주체성이 더 떨어지고 근면함과 실천력도 사라진다.

호기심, 활동성, 의지력이 약해 리더의 자리에도 오르기 어렵다. 삶에 대한 의지와 사회성이 약하므로 직장을 얻거나 근속하는 일이 어려우며 이사도 잦다.

자기방어적 기질

나무 에너지가 약할 때 스스로 세운 기준이 명확하면 아집이 된다. 이유 없는 일을 하지 않고, 의미 없는 만남은 갖지 않고, 남의 선의를 순수하게 받아들이지 못한다. 한마디로 세상 모든 일에 이유가 있어야 한다고 생각한다. 이런 사람은 금전 거래를 하지 않고, 모임을 피하기 때문에 주변에서 냉정한 사람으로 여길 수 있다.

이러한 성향이 나타나는 이유 역시 실패에 대한 두려움 때문이다. 사람에게 상처받거나 외면당하는 데서 오는 불안이 자기방어적 기질로 나타나는 것이다. 그래서 무슨 일이든 극단적으로 생각하거나 감정적으로 대하기 쉬우며 감정 기복 또한 크다.

약한 간장과 췌장

나무 에너지는 간과 담을 관장한다. 이 에너지가 적으면 간이 약해 쉽게 피로를 느끼고 무기력해진다. 이는 스트레스와 신경계통에 악영향을 미치므로 자율신경계와 관련된 질병에 유의해야 한다. 평상시에 너그러운 태도를 가지도록 내면을 다스려보자.

부족한 나무 에너지를 채우는 공간 인테리어

나무 에너지를 채우는 공간 인테리어

나무 에너지를 얻으려면 나무를 가까이하는 게 최선이자 최고의 방법이다. 그럼 사방이 막힌 실내에서 나무 에너지를 얻고 싶다면 어떻게 해야 할까? 주변에 나무가 많고 나무 소재로 마감이 된 집을 고르거나 인테리어를 하면 된다. 집만큼 오래 머무르지만 인테리어를 할 수 없는 공간이라면 식물을 곁에 두면 된다. 이 두 가지 방법만 알아도 나무 에너지를 얻을 기회는 만들어졌다. 여기에 구체적인 방법으로는 어떤 게 있는지 알아보자.

테라스 만들기

테라스 하우스는 타운 하우스와 아파트의 장점을 섞은 3~4층의

다세대 주택이다. 타운 하우스는 친환경 맞춤형 공간으로 큰 주목을 받았으나 비싼 가격으로 매매가 이뤄져 대중화되지는 못했다. 이때 등장한 집이 테라스 하우스다. 테라스를 통해 탁 트인 조망을 감상할 수 있으며 실내 생활을 옥외로 연장하는 효과가 있어 큰 인기를 끌고 있다. 보통 테라스와 거실을 분리하기 위해 타일이나 데크를 까는데 여기에 방수 기능이 있다면 작은 텃밭을 일구거나 반려식물을 키울 수 있다. 최근에는 테라스를 확장한 아파트가 공급되고 있으니 관심이 있다면 참고해보자.

중정 만들기

중정은 안채와 바깥채 사이에 놓인 마당으로 나무 에너지를 충족시키는 좋은 방법이자 친환경적인 인테리어다. 이 공간은 자연광을 실내로 끌어들여 일조량을 높인다. 최근에는 통유리로 벽을 세워 공용 공간을 연결한다. 중정은 정원처럼 나무를 심고 이끼를 덮어 사계절을 즐기기도 하고, 석재나 데크를 깔아 테라스처럼 쓰기도 한다. 중정을 최대한 잘 활용하기 위해서는 통창을 설치하고 날씨에 영향을 받지 않도록 실내와 실외의 경계를 두는 마감재를 사용한다.

그린 월 만들기

그린 월은 자연을 실내에 들이려는 욕구에서 개발되었다. 이 벽은

미세먼지 정화나 습도 조절에 탁월한 것은 물론, 녹색이 주는 안정감이 더해지면서 매우 긍정적인 인테리어로 각광받고 있다.

그린 월은 수직 벽이라고도 한다. 바닥에 수조를 만들고 모터를 설치해 벽 위쪽까지 설치된 화분에 물을 공급해 식물을 키우는 방식이다. 관리가 다소 어렵지만 그만큼 만족도는 높다. 최근에는 모터 대신 물을 흡수하는 직물을 이용해 설치 비용을 절감하는 형태도 개발되고 있으니 자신에게 맞는 예산과 구조에 따라 방식을 선택하면 된다. 그린 월은 시작과 뻗어나가는 에너지를 상징하므로 벤처기업이나 창업하는 곳에 설치하는 걸 추천한다.

살아 있는 식물로 그린 월을 만드는 건 쉽지 않다. 수조나 모터 등 준비 품목이 많고, 관리가 상당히 까다롭기 때문이다. 그래서 요즘은 인조 잔디나 인조 식물을 이용한 그린 월도 많아졌다. 물론 살아 있는 식물이 에너지를 만들어내는 데 유리하지만 비용이나 관리 면에서 문제가 된다면 대체품을 사용해도 괜찮다.

얼마 전 이제 막 창업한 회사에 셀프로 설치하는 그린 월 DIY 키트를 제작해주었다. 하지만 얼마 지나지 않아 모터가 고장 나고 식물들이 말라 죽었다. 업주는 즉시 그린 월을 철거하고 그 자리에 라이트 박스를 설치했다. 그런데 공교롭게도 활발하게 번창하던 사업이 갑작스레 중단되었고, 여러 가지 잡음이 들리더니 1년 만에 폐업하는 지경에 이르렀다. 위로 성장하는 나무의 성향을 닮아 활발하게 커가던 회사가 그린 월을 철거하면서 상황이 나빠진 것 같아 마음이 불편했다.

시작하는 에너지는 크다. 그만큼 관리도 투자도 필요하다. 운이란 이런 것이다. 이 그린 월의 기개를 잘 이어갔다면 아마도 회사는 지금쯤 승승장구했을 것이다. 기회를 놓친 그 회사가 또다시 나무 에너지로 상승할 수 있을지 궁금해진다.

나무 마루 깔기

요즘에는 크기가 큰 대리석이나 포세린 타일, 그리고 강마루라는 합판에 강화 필름을 덧댄 바닥 마감재가 많이 쓰인다. 보통 아이가 있는 집은 층간 소음을 줄이기 위해 층간 소음 방지 매트나 두툼한 장판을 선호하지만 그렇지 않다면 주로 이 강마루를 깐다.

나무마루는 목재의 가공 방식이나 두께에 따라 원목마루, 강마루, 강화마루 등으로 나뉜다. 강마루가 대중화되면서 지금은 다양한 크기와 색상이 개발되어 용도에 따라 맞춤형처럼 쓸 수 있다. 인테리어에서 넓은 바닥을 나무로 마감하는 것은 천장의 몰딩이나 바닥의 걸레받이가 점점 사라지고 있는 요즘 나무 에너지를 공급받을 수 있는 대안이다.

거실을 서재로 만들기

거실에 TV를 없애고 한쪽 벽면에 책장을 짜 넣고, 거실 가운데 큰 원목 테이블을 두는 주거 공간은 대화가 없는 가족에게 매우 좋은 나무 에너지 보충 방법이다.

'거실을 서재로'라는 콘셉트로 딸 하나를 키우며 맞벌이하는 단란한 가정의 아파트를 리모델링한 적이 있다. 책을 좋아하는 아이의 요구로 부부는 거실을 서재로 만들기로 했다. 영화 감상이 취미였던 남편의 간곡한 부탁으로 TV는 침실로 옮겼다.

리모델링 후에는 거실에 가족들이 모여 책도 읽고 일과를 이야기하는 등 오붓한 분위기가 연출되었다. 그러나 새벽에도 TV를 보는 남편 때문에 아내는 잠을 제대로 잘 수가 없었다. 아이까지 안방에 들어와 TV를 보면 부부의 사적인 공간이 거실처럼 쓰이는 어이없는 상황도 발생했다. 결국 한 해를 넘기지 못하고 부부는 다시 아이 방을 서재로 꾸미고 TV는 거실로 옮겼다.

이렇게 가족 구성원의 정확한 라이프 스타일을 고려하지 않고 남들이 하는 인테리어를 따라 하는 건 좋지 못한 결과를 가져온다. 에너지 보충이나 공간 에너지도 중요하지만 가족들의 생활 방식에 맞게 인테리어하는 것이야말로 가장 중요한 고려 사항이다.

부족한 나무 에너지를 채우는 소품

나무 에너지를 채우는 소품 활용법

생활 변화에 따라 새로 개발된 전자제품 중에는 스마트 식물 재배기도 있다. 앞서 물 에너지에서도 소개한 이 신제품은 물만 부어주면 물과 영양분은 물론, 바람이나 채광까지 스스로 조절하며 채소를 비롯한 다양한 식물을 키워준다. 이처럼 공간의 제약을 극복하고 나무 에너지를 집으로 끌어들이는 여러 가지 방법을 소개한다.

원목 가구

나무는 자연 상태에서 가구나 소품으로 쓰이기 위해 수차례 가공을 거쳐 원목이나 얇은 필름 형태로 성형된다. 원목은 나무 특유의 느낌이나 색상, 무늬가 살아 있고 단단하다. 그러나 고가에다가 온도에 따라 수축과 이완을 반복해 틀어지거나 벌어지므로 관리하기 어렵다. 요즘은 원목에 레진이나 에폭시 등을 더해 내구성을 강화하고 색감이나 무늬를 도드라지게 한 가구도 많다. 우드 슬랩은 이 방법으로 만든 테이블이나 식탁으로 나무별로 무늬나 색감이 달라 공간의 분위기를 우아하게 연출한다.

서재나 공부방에 놓을 책상은 나무 마감재로 고르는 게 좋다. 아이들이 받은 상장이나 트로피 등을 나무 장식장에 진열하는 것도 나무 에너지를 얻는 좋은 방법이다.

반려 식물

테라스나 텃밭이 없다면 화분을 들이는 것도 좋은 방법이다. 내 주변에는 선물받은 화분을 잘 길러 큰 나무로 만들거나 죽어가는 식물을 살리는 사람들이 있다. 나는 그런 사람들의 사주가 매우 궁금해졌다. 살아 있는 생물들을 잘 키워낸다는 건 그만큼 정성을 들이는 한편, 에너지가 잘 맞는다는 생각에서였다. 역시 나무 에너지가 적당한 사람들이 식물들을 잘 키워내는 편이었다. 애정으로 무언가를 잘 양육해내는 에너지는 나무 에너지의 특성이다. 그래서 꽃집을 운영하는 사람 중에 나무 에너지가 적당한 경우가 많다. 이렇게 자신에게 있는 에너지를 잘 활용하는 것도 요즘처럼 평생 직장이 사라진 시대에 제2, 제3의 직업을 만드는 데 큰 도움이 된다.

테라리움

테라리움terrarium이란 라틴어 terra(땅)와 arium(용기, 방)의 합성어로 적정한 습도를 유지하는 투명 용기에 식물을 재배하는 것을 말한다. 식물의 뿌리에서 빨아올린 물이 기공을 통해 배출되면 유리벽에 물방울로 맺혀 있다가 떨어져 다시 뿌리로 흡수된다. 낮에는 잎에서 광합성을 해 산소를 내뿜고, 밤에는 호흡으로 이산화탄소를 내뿜으며 자연스럽게 생명을 유지한다. 물과 산소의 순환이 용기 자체에서 이루어지므로 관리도 편하다. 용기의 개방 여부에 따라 밀폐식 테라리움closed terrarium(주로 습기에 잘 견디는 식물에 적합)과 용기의 일부분이 열린 개방식 테라리움open terrarium(일반적인 실내 식물류에 적합)으로 나눌 수 있다. 대부분의 테라리움은 투명 용기 안쪽에 식물을 식재하므로 너무 빨리 생장하면 금세 답답해진다. 따라서 환경에 맞는 식물을 심고, 그에 맞는 관리 방법을 터득해야 한다.

테라리움용 식물로는 크기가 작고 성질이 서로 비슷한 것이 좋다. 높은 습도와 일정한 온도, 낮은 채광에 강하며 생장이 느려 잘 자라지 않는 식물류를 선택한다. 이런 식물로는 싱고니움, 푸밀라 고무나무, 드라세나류, 피토니아류, 접란, 아글라오네마, 페페로미아, 호야, 마란타, 테이블야자, 코르딜리네, 필레아페페, 셀라기넬라, 아디안텀, 프테리스, 네프롤레피스, 아스플레니움 등이 있다. 화초와 함께 작은 돌, 이끼 등을 넣으면 공기 정화에도 효과적이다.

테라리움은 나무 에너지뿐 아니라 물 에너지가 필요한 사람에게도 훌륭한 아이템이다.

책

요즘은 종이책 대신 전자책을 읽거나 오디오북을 듣는 사람이 늘고 있다. 하지만 나무 에너지를 위해서는 되도록 종이로 만든 책을 읽으라고 권하고 싶다. 유리로 된 커피 테이블이나 사이드 테이블에 나무 에너지의 책을 쌓아두면 유리가 주는 차가운 에너지를 상쇄시키기도 한다. 독특한 표지의 잡지나 책은 공간에 활력과 생명력을 주는 인테리어 소품으로도 쓰이니 기회가 된다면 종이 인쇄물을 곁에 두기 바란다.

우드 블라인드

요즘은 북유럽 인테리어의 영향으로 창문에 커튼 대신 롤스크린이나 얇은 반투명 패브릭을 걸어두는 경우가 많다. 바깥 뷰가 좋다면 이런 식으로 개방감을 주는 것도 좋다. 그러나 사무공간이나 높은 집중력이 필요한 곳이라면 외부로 뻗어나가는 시선을 차단해야 한다.

블라인드는 집중력을 높이는 인테리어 용품 중 하나다. 예전에는 알루미늄으로 된 폭이 좁은 블라인드가 사무실의 가림막 역할을 했다. 요즘에는 소나무나 편백나무로 제작된 블라인드도 있다. 이들은 나무 고유의 향기를 지니고 있어 탈취와 심신 안정에 도움이 된다. 나도 사무실에 붉은 소나무로 만든 블라인드를 설치하고 한동안 그 향기를 맡으며 지친 심신을 추스르기도 했다. 공간에 자연적인 환경을 갖추고 싶다면 이런 제품을 이용하는 것도 좋은 방법이다.

초록색 벽지, 페인트

부족한 나무 에너지를 보완하기 위해서는 벽면을 초록색이나 파란색으로 채우면 좋다. 벤자민무어나 던에드워드 같은 친환경 페인트는 색이 다양하므로 인테리어에서 자주 활용된다. 요즘 출시되는 친환경 페인트는 흙이나 숯, 편백 나무 같은 항균 소재를 많이 사용한다. 이런 기능성 제품들은 건강에도 좋고, 새집 증후군을 예방할 수 있지만 발전 단계이므로 색 범위가 다양하지 않다.

숲, 나무 그림

식물 일러스트, 식물을 모티프로 한 소품이나 목공예품으로 집 안을 장식해보자. 관엽식물의 줄기를 형상화한 문양은 공간을 특별하게 만들어주고 나무 에너지를 강화한다. 젠가처럼 나무로 만든 우드블록 제품을 아이들과 함께 가지고 노는 것도 나무 에너지를 얻는 좋은 방법이다.

부족한 나무 에너지를 채우는 생활 습관

생활 습관으로 나무 에너지를 채우는 방법

나무 에너지에는 시작, 성장과 따뜻함, 그리고 신경계통을 편안하게 해주는 요소가 있다. 앞에서도 언급했듯이 자연을 접하거나 식물을 키우면서 이 에너지를 얻을 수 있다. 나무 에너지의 단점을 보완하고, 그에 따른 대체법을 연구해서 시작하는 에너지를 보충한다면 운을 크게 만들어낼 수 있다.

스트레칭, 유산소 운동하기

나무 에너지가 부족하면 간과 담을 비롯해 허리디스크, 목디스크, 근육통, 골다공증 등의 질병을 조심해야 한다. 이를 방지하려면 일상생활에서 자주 스트레칭을 해주자. 아침에 눈을 뜨면 침대에 누운 채로 기지개를 켠다. 밤새 수축된 근육이 편안하게 이완되면

혈액순환이 원활해지고 몸이 가뿐해진다. 한 건강 유튜버는 우리 몸을 자동차에 비유하며 아침 스트레칭은 시동을 걸어 엔진을 가열하고 각 기관에 움직인다는 신호를 보내는 것이라고 말했다.

스트레칭 이외에 필라테스나 요가 같은 근력 운동으로 코어 근육을 강화하는 것도 좋다. 코어 근육은 우리 몸을 지탱하는 기둥이다. 요가나 필라테스에는 근육을 단련하는 동작이 많아 몸의 기둥을 단단히 만들 수 있다.

몸을 많이 쓰는 운동이 힘들다면 아침 산책을 추천한다. 나무 에너지는 아침을 상징하므로 일찍 일어나서 햇볕을 충분히 받으면 좋다. 시간이 여의치 않아 늦은 오후나 야간에 산책하는 것도 나쁘지 않지만 나무 에너지를 가장 잘 받기 위해서는 아침 산책을 추천한다.

사주에 나무가 많은 사람은 의외로 움직이는 걸 좋아하지 않는다. 그러나 우리 몸을 위해서라도 침대에서 10분 동안 스트레칭하며 에너지를 충전한 뒤 일상을 보내길 바란다.

동쪽으로 여행 가기

나무 에너지는 동쪽을 상징한다. 여행이나 이사 계획이 없다면 지역 이름에 나무가 들어간 곳을 잠깐 방문하는 것도 좋다. 해외에는 캐나다나 미국, 국내에는 대구나 강원도가 해당된다.

사주에 나무가 많으면 목생화로 나무 에너지를 빼주는 불 성향의 여행지가 궁합에 맞는다. 불은 밝음을 뜻하니 숲이 우거진 곳보다 탁 트인 장소, 꽃이 화사하게 핀 장소를 낮에 다녀보자.

수목원, 카페, 꽃 박람회 방문하기

심신이 지칠 땐 나무나 숲이 있는 곳으로 여행을 가는 게 좋다. 산이나 수목원, 꽃 박람회, 화원 등을 추천한다. 수생목의 원리대로 나무 에너지를 만들어낼 수 있는 물가나 바닷가를 찾는 것도 좋다.

잠깐 일산에 살았던 적이 있다. 봄마다 꽃 박람회가 열리면 온 동네가 시끌벅적했다. 꽃이 가득한 큰 전시장에 다녀오면 늘 기분이 좋았다. 북적북적한 사람들 틈에서도 온갖 종류의 식물들이 뿜어내는 피톤치드와 신선한 공기를 맡을 수 있었다. 박람회 밖에도 각종 꽃향기가 흘러나와 근처를 지나기만 해도 기분이 좋아졌다. 자연의 향기를 마음껏 맡은 날은 몸속 에너지가 되살아나는 것 같았다.

요즘은 서울 근교에 꽃 카페, 식물 카페 등이 많이 생겨났다. 나무 에너지가 부족한 사람이라면 꽃과 식물이 함께하는 카페를 찾아 나무 에너지를 느껴보는 것도 좋다.

도서관, 북 카페 방문하기

책을 정말 좋아하는 친구가 있다. 집 안 가득 책이 쌓여 있는 건 물론이고 어디에서나 잠깐이라도 시간이 생기면 가방에서 책을 꺼내 읽는다. 독서를 한다고 해서 당장 눈에 보이는 효과를 얻기는 어렵지만 장기적으로 원하는 삶을 살아가는 데는 도움이 된다. 책에서 답을 얻고 그대로 실천하는 그녀의 독서 습관이 어느 순간 부러워졌다.

책은 우리가 살아가는 데 가장 중요한 나침반이다. 책을 가까이하면 나무 에너지도 얻고 세상을 더 보람차고 멋지게 살아가는 팁을 얻을 수 있다. 가끔 서점, 동네 책방, 북 카페를 방문해 자신에게 부족한 나무 에너지를 채우고 삶의 지혜도 얻어보자.

동물 후원하기

고양이는 나무 에너지에 속하는 동물이다. 유기묘를 관리하는 시설을 방문해 봉사활동을 하거나 후원하는 것도 나무 에너지를 높이는 좋은 방법이다.

부족한 나무 에너지를 채우는 직업 및 인간관계

직업 및 인간관계로 나무 에너지를 채우는 방법

시작하는 힘이 강한 나무 에너지는 인정받고 싶을 때, 멘토가 되고 싶을 때, 능력을 보여주고 싶을 때, 현명함과 자상함을 보여주고 싶을 때, 자신감을 표현하고 싶을 때, 과도한 행동을 자제하고 싶을 때 발휘된다. 또한 따뜻하고 배려심이 많아 자식들을 잘 키워내고, 식물도 잘 기른다.

그러나 내 지인은 갑목이 2개에 다른 나무 에너지도 한 개 더 있었지만 내가 선물한 화분을 몇 달을 넘기지 못하고 폐사시켰다. 반면 교육열과 자식 사랑은 대단히 높아서 아들 둘을 열정적으로 잘 키우고 있다. 이 일로 자식을 키우는 것과 식물을 키우는 것은 다른 에너지라는 결론을 내리게 되었다.

직업

위로 성장하는 나무 에너지의 성향대로 사람을 가르치는 교육 계통이나 나무를 다루고 가공하는 분야의 직업이 좋다. 상담이나 의료계 등 사람을 살리는 활인업도 잘 맞는다. 정치계는 왕성한 열정을 품고 들어설 수 있지만, 시간이 지나다 보면 사람에 대한 회의감으로 그만둘 수 있다.

나무 에너지가 없는 사람들은 순수함이 떨어지고 노숙한 경우가 많으므로 어린이집에서 일하거나 목공소 또는 꽃집 운영, 묘목 판매를 하는 것도 좋다.

전공	
인문계열	법학, 인쇄출판학, 종교학
사회계열	회계학, 비서학, 신문방송학, 정치학, 행정학
교육계열	교육학
공학계열	건축공학, 섬유공학
자연계열	생물학
의학계열	보건위생학, 간호학
예체능계열	가구디자인학, 의상디자인학, 방송예술학, 섬유공예학

직업	
전문직	변호사, 판사, 검사, 간호사, 보건위생사, 기자, 심리상담가, 교사, 한의사
사무직	공무원, 기획·인사과 직원
서비스직	독서실 운영
판매직	꽃집·서점·원예사·문구점·제과점·옷가게 운영, 제지 판매, 종묘상, 신문 판매업, 청과 판매업, 매표소
농림 및 어업	분재업, 곡물업, 목축업, 임업
학자	교수, 과학 연구원
제조업 및 기술직	목수, 건축설계사, 방직업, 인쇄 및 출판업, 간판업
기타	종교인, 의상 디자이너, 정치인, 언론인, 평론가, 작가

부족한 나무 에너지를 만들기 위해서는 꾸준히 매진해서 결실을 맺는 게 중요하다. 간호사에서 학교 선생님으로 직업을 바꾼 지인이 있다. 그녀는 금과 물 에너지로 일에서 성과를 내고 금 에너지로 재물을 얻는 사주였다. 간호사는 그녀의 치밀함과 섬세함을 발휘할 수 있는 직업이었다. 그런 그녀가 직업을 바꾼 이유는 나무 에너지를 키우기 위해서였다. 처음 사주를 보았을 때는 임용고시에 합격하기가 꽤 힘들어 보였으나 당당히 합격해 지금은 양호교사로 아이들을 치료하고 돌보는 데 자신의 장점을 활용하고 있다. 나무 에너지의 따뜻함과 성장 욕구를 담은 에너지가 더해지

면 오행으로도 순환되는 사주를 갖게 된다.

인간관계

나무나 물 에너지가 강한 사람들과 자주 어울리며 에너지를 받는다. 특히 이성을 만날 때는 나무 에너지가 2개 이상인 사람을 만나는 것이 좋다. 친구나 사업 파트너, 직장 동료나 부하직원 등 사회적인 관계에서도 마찬가지다.

나무 에너지의 사람은 성과나 결과를 채근하는 것을 싫어하므로 일의 과정에 관여하거나 나서지 않아야 한다. 자존심이 강하고 한번 싫은 소리를 들으면 이후의 일에 영향을 크게 받는다. 칭찬을 들을수록 더 잘하려고 하는 성향도 있다. 따라서 나무 에너지의 사람에게는 우선순위를 정해주고, 욕망을 자극해주며 중간에 포기하더라도 용기를 줘야 한다.

부족한 나무 에너지를 채우는 오감 밸런스

오감으로 나무 에너지를 채우는 방법

혹독한 겨울을 견디고 봄에 잎을 틔우는 작은 새싹을 보면 계절이 바뀐 걸 실감하면서 자연의 순환과 그 생명력에 감탄하게 된다. 한여름 울창하게 자란 나무들이 바람에 흔들리는 걸 보고 있노라면 어지러웠던 근심 걱정이 사라진 듯 마음이 편안해진다. 이처럼 자연은 우리의 내면을 치유하고 희망을 불어넣는 힘을 가지고 있다. 자연의 영향력으로 나무가 우거진 한적한 장소를 찾아가 나만의 시간을 갖는 캠퍼도 늘고, 산속에 지어진 예쁜 숙소에서 하룻밤을 보내는 사람도 있다. 시끌벅적한 도시 생활에 지친 젊은 사람들은 자연과 가까운 곳으로 귀촌을 해 밭을 일구며 새로운 터전을 꾸리기도 한다.

자연을 대변하는 초록색은 신뢰, 안정감, 회복을 상징한다.

"눈이 피로하거나 마음이 불안정하면 초록색을 보라."고 하는 이유도, 병원이나 학교에서 초록색을 많이 쓰는 것도 이 때문이다. 나무 에너지가 부족한 사람에게 필요한 건 나무와 그 나무를 대변하는 초록색이다. 여행을 가고, 소품을 수집하거나 옷을 입고, 향수를 뿌리고 메이크업을 할 때 아무거나 하지 않고 나무와 초록색이 들어간 것을 고른다면 불균형한 밸런스를 맞추는 데 도움이 될 것이다.

색

옷이나 가방, 신발 등에 초록색을 쓰고, 휴대폰 배경화면도 숲이나 녹색을 배경으로 하면 나무 에너지를 높이는 데 좋다.

하지만 초록색은 동양인의 피부에 잘 맞지 않는 색이다. 채도를 낮춘 카키색 정도는 무난하지만, 원색이나 형광 초록처럼 명도가 높은 초록색은 소화하기가 쉽지 않다. 그럼에도 이런 색이 잘 받던 사람이 있었다. 그녀는 유난히 피부도 희고 맑은 데다 대학에서 의상을 전공해 어떤 옷도 잘 소화했는데 특히 초록색을 입을 때는 감탄사가 나올 정도였다. 놀랍게도 그녀의 사주에는 나무 에너지가 하나도 없었다. 그녀는 금에서 물로 연결되는 음 에너지가 강한 사람이었다.

이런 그녀가 초록색을 자유자재로 걸칠 수 있었던 건 본인에게 나무 에너지가 필요하단 걸 알고 끊임없이 연구했기 때문이다. 사람마다 유난히 잘 어울리는 색이 있다. 하지만 에너지 밸런스를 의식해 나와 어울리지 않는 색을 몸에 지녀야 한다면 조화롭게 풀어나갈 방법을 찾아야 한다. 방법이 없다는 이유로 고민도 하지 않고 포기한다면 에너지를 얻을 기회를 놓치는 것과 다름없다. 옷을 걸치기 어렵다면 신발, 양말, 가방처럼 얼굴과 멀리 떨어진 곳에 매치할 수 있는 아이템이 있는지 살피는 것도 좋다.

초록색도 채도나 명도에 따라 자신의 피부 톤과 잘 맞을 수도, 옷에 몸이 파묻혀 보일 수도 있다. 자신에게 맞는 컬러 톤을 찾기 위해 노력해보자.

방향과 숫자

나무 에너지는 방향으로 동쪽을 상징하며, 숫자로는 3과 8이다. 집을 구할 때 문이나 창문이 동쪽으로 된 곳을 찾고, 여의치 않다면 침대 머리를 동쪽에 두면 좋다. 또한 자동차 번호나 전화번호, 아파트의 층과 호수를 결정할 때 3과 8을 잘 활용하면 좋다.

패션

푸른색, 청록색 계열의 옷을 자주 입는다. 가방, 신발, 머리, 손발톱 색도 모두 초록색이나 푸른색 계열로 맞춘다.

메이크업은 와인색, 딥 레드와 같은 짙고 육감적인 색상의 립스틱을 발라 입술을 강조하는 것이 포인트다. 눈썹은 산을 세우지 말고 앞머리와 꼬리가 수평을 이루는 일자형 눈썹으로 그린다. 피부 톤은 파운데이션을 얇게 발라 자연스럽고 맑은 느낌이 나게 한다. 입술에 쏠린 시선을 분산시키지 않기 위해 아이섀도는 아이보리, 연한 브라운처럼 차분한 색을 선택한다. 얼굴에 전체적으로 생기를 더하기 위해 산호색이나 연한 핑크색으로 볼터치를 해준다. 흰색은 운을 틔워주지만, 너무 많으면 애정운에 좋지 않으므로 핑크나 바이올렛이 약간 섞인 파우더로 완화한다.

머리 염색은 밝은 톤의 옐로, 오렌지, 코랄, 골드 브라운 색으로 하되 귀여운 단발머리나 층이 난 굵은 웨이브가 좋다. 단, 머리카락의 끝단이 정확하게 일자로 잘린 단발은 좋지 않으니 층을 낸 레이어드 컷을 추천한다.

액세서리는 나무나 펄프를 소재로 한 건강 팔찌나 목걸이 등이 좋다.

타투는 호랑이나 토끼, 또는 나무를 상징하는 그림도 좋다. 숫자 3과 8을 상징화한 이미지나 문양도 괜찮다.

향수는 나무 향과 머스크 향이 가미된 것이 좋다. 숲속에 있는 듯 습기를 머금은 나무와 이끼 향이 나는 딥티크의 '탐다오'와 '베티베리오', 차분하고 우아한 나무 향의 에르메스의 '오 드 메르베이', 남성 스킨 냄새와 시원한 숲 향으로 중성적인 조말론의 '잉글리시 오크 앤 헤이즐넛', 건조한 숲 향과 향신료 향이 어우러진 프레데릭 말의 '프렌치 러버' 등이 있다.

보석으로는 가든 쿼츠, 그린 플로라이트, 에메랄드, 그린 사파이어, 그린 다이아몬드, 비취, 오팔, 페리도트 등을 추천한다.

취미

꽃꽂이, 분재, 뜨개질, 목공예, 등산, 독서 토론, 캠핑, 템플 스테이 등이 나무 에너지를 채우는 데 좋다. 드라마나 영화를 보면 종종 대기업 회장님이 사무실이나 집에서 난을 닦는 장면이 등장한다. 누구보다 바쁜 그들이 식물을 돌보는 이유는 무엇일까? 그건 나무 에너지를 얻으면서 경영자로서 수양을 할 수 있기 때문이다. 동양란과 같은 희귀한 식물들은 키우는 데 꽤 많은 인내와 노력이 필요하다. 무엇이든 살아 있는 것을 키우는 데는 많은 관심과 애정이 필요하지만, 특히 전문적인 식견이 필요한 난을 돌보면 사주에 부족한 양육과 성장 에너지를 채울 수 있다.

예술작품

폴 세잔의 〈생트 빅투아르산Montagne Sainte Victoire〉, 〈초록 사과Pommes vertes〉, 마르크 샤갈의 〈파란 집The Blue House〉, 〈전원의 창Window Over a Garden〉, 〈산책The Walk〉, 앙리 루소의 〈꿈The Dream〉, 빈센트 반 고흐의 〈고갱의 의자Gauguin's Chair〉 등이 나무 에너지를 채울 수 있는 예술 작품들이다.

영화로는 〈초록 물고기〉, 〈녹색의자 2013-러브 컨셉츄얼리〉,

〈검사외전〉, 〈설국열차〉, 〈추격자〉, 〈악녀〉, 〈인정사정 볼 것 없다〉 등이 있다.[9]

그린 푸드

청록색을 띠는 그린 푸드는 간장의 기능을 돕고, 우리 몸에 들어오는 유해 물질을 해독하는 데 탁월하다. 또한 채소의 엽록소에는 조혈작용과 세포를 재생시키므로 젊어지고 싶다면 그린 푸드를 섭취하자. 대표적인 재료는 청경채, 미나리, 완두콩, 깻잎, 호박잎, 키위, 쑥, 승검초, 파, 고추, 상추, 쑥갓, 애호박, 녹차 등이 있다. 이밖에도 청국장, 추어탕, 다슬기, 돼지 간, 감귤류, 허브티도 좋으며 나무에서 나는 열매나 과일을 많이 섭취하는 것을 추천한다.

초록잎 나물과 샐러드는 자주 먹어야 한다. 고기나 인스턴트 음식, 과식은 몸을 무겁게 만들어 성장 욕구를 저하시킨다. 또한 나무 에너지는 신맛을 상징하므로 밥에 보리를 섞거나 신맛 나는 과일이나 음료를 즐기는 것도 좋다. 재료로는 매실, 파인애플, 레몬, 귤, 과일식초, 현미식초 등을 추천한다.

결실과 의리의 상징
금 에너지로 밸런스 맞추기

금 에너지의 특징과 금 에너지를 다루는 법

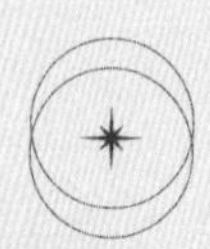

금 에너지의 특징

금 에너지가 적당할 때 나타나는 특징

딱 한 번 만난 사람이지만 자꾸 기억나거나 연락하고 싶어지는 사람이 있다. 이 끌림은 단순히 외모에서 오는 게 아니다. 따뜻함이나 배려심, 냉철한 판단력과 끈기처럼 나에게 없는 장점을 갖췄기 때문이다. 자기 확신, 불굴의 의지, 자신감을 가지고 할 말을 또박또박하거나 하기 힘든 말을 불편하지 않게 잘하는 건 금 에너지의 특징이다.

강한 자립심

금 에너지는 남에게 의지하는 것을 싫어하며 주어진 일은 자기 스스로 해결하려는 자립심이 강하다. 모든 것을 성과 위주로 판단하고, 냉철하며 이성적인 편이다. 다른 사람의 잘못에 대해 예민하고 숫자나 데이터를 신뢰하는 편이다. 결실이나 결과를 잘 만들어내며 일을 치밀하게 계획하고 진행해 실수가 별로 없다. 금 에너지는 오행 에너지 중 자신의 기준이 가장 명확해 때로는 냉정한 성향을 드러내기도 한다. 하지만 이런 모습 뒤에는 의리도 있고, 정도 많다.

책임감, 리더십

금은 단단하고 강한 성질의 에너지이므로 어떤 난관이 닥치더라도 포기하지 않고 끝까지 책임감을 갖고 일한다. 상황 대처 능력도 뛰어나 일을 신속하고 깔끔하게 처리한다. 완벽주의자 기질도 지니고 있다.

손해를 보더라도 옳은 선택이라고 판단하면 끈질기게 밀고 나가 일을 마무리한다. 비판 정신이 강하므로 상대의 잘못을 지적하거나 포착해내는 NGO, 경찰 등의 직업이 적성에 맞는다.

이런 사람이 조직에서 리더 자리에 오르면 부하 직원을 통솔하는 능력이 탁월해 유능하다는 칭찬을 받을 수 있다. 다만 추진력이 너무 강해 고집불통, 융통성 없는 사람이 되기 쉽다. 주위 사람들이 본인에게 맞춰야 한다는 마음에 강요하거나 잔소리를 늘어놓는다. 말투 또한 거세지고 단호해져 쉽게 상처를 입힌다.

예리한 판단력과 냉철함

금속의 날카롭고 예리한 기질 덕분에 분석력이 뛰어나다. 객관적이고 합리적인 관점 때문에 비평 능력도 탁월하다. 비평가들 가운데 금 에너지가 발달한 사람이 많은 이유다. 명예를 중시하므로 본인 이미지에 해가 되는 일은 하지 않으며 어느 상황에서나 흐트러지지 않으려는 통제력을 갖추고 있다.

화려한 언변

화술과 언변이 화려하다. 한번 말문을 틔우고 분위기를 타면 끊지 않고 계속해서 이야기를 이어나가는 경향이 있다. 감정은 배제하고 논리와 숫자로만 이야기하기 때문에 상대방은 다소 까칠하게 느낄 수도 있다. 화려한 화술이 과하면 사기꾼 같은 느낌을 줄 수 있다.

고집이 강해 자기 의견을 피력할 땐 강한 어투로 단호하게 말하는 버릇이 있다. 이런 어투로 의도와는 달리 오해를 살 수도 있다.

금 에너지가 약할 때 나타나는 특징

기분파

금 에너지의 단호한 성질이 없어지면 환경과 기분에 휩쓸리는 기분파가 된다. 무리하게 술값을 계산하거나 과소비를 하는 경우도 있다. 또한 싫은 소리를 해야 할 때 제대로 표현하지 못해 집에 돌아와 끙끙 앓기도 한다. 상대방의 부탁이나 제안을 거절하기도 힘들어진다. 돌려서라도 거절하지 못하니 주위에서 우유부단하다는 말이 나올 수 있다. 내 주관이 사라지고 타인에게 의지하게 된다.

용두사미

자신의 고집, 판단, 직관을 믿지 못하기 때문에 일과 배움에서 결과를 맺기 어렵거나 남 좋은 일만 해주는 꼴이 된다. 이런 특징은 재물로도 연결되는데, 벌이가 좋아도 돈을 모으지 못한다.

금 에너지가 부족한 사람은 관리자가 있고 틀이 갖춰진 조직에서 일하는 게 마음 편하다. 사업은 추천하지 않지만, 만약 사업을 한다면 동업은 피해야 한다.

부족한 금 에너지를 채우는 공간 인테리어

금 에너지를 채우는 인테리어 방법

금은 늦가을의 찬 서리와 같은 기상을 갖고 있다. 쌀쌀하고 매서운 기운이라고 해서 '숙살지기肅殺之氣'란 사자성어로 표현하기도 한다. 이렇듯 금 에너지는 차갑고 단단한 특성이 있다. 주변 환경에 흔들리지 않으며 침착하고 냉정하게 자신을 통제한다. 모든 일에 초월하고 욕심 없이 순순하고 맑은 정신으로 능숙하게 전진한다. 지적인 편이며 자신의 감정을 억제하면서 권위와 기품을 드러내고 싶어 한다. 단조롭지만 정리정돈을 잘하고 마무리에 강해 사회성이 뛰어나다.

이런 금 에너지의 장점을 살리고 싶다면 머무르는 공간을 차갑고 단단한 성질의 자재로 꾸며야 한다. 구체적으로 어떤 것을 두어야 하는지 알아보자.

바닥에 대리석 깔기

대리석은 광산에서 채굴되는 금속의 원자재로 금 에너지의 대표적인 광물이다. 다양한 색감과 패턴으로 고대 이래 꾸준하게 구조물의 마감재나 조각상 재료, 건축 자재, 인테리어 장식으로 활용되고 있다. 대리석으로 인테리어를 하고 싶은데 상황이 여의치 않다면 대리석 느낌의 타일을 추천한다.

금 에너지가 부족하다면 천연 대리석을 선택하는 것이 좋다. 단, 천연 대리석은 패턴이나 컬러가 일정하지 않아 넓은 면적에 깔면 눈에 피로감을 줄 수 있다.

반려동물을 키우는 집은 거실 바닥을 넓은 대리석 타일로 까는 경우가 종종 있다. 대리석 타일은 방수 기능이 뛰어나 오염물을 쉽게 치울 수 있지만 타일 특유의 색 바램과 미끄러움은 잡을 수 없다. 그래서 타일 위에 다시 매트를 깔기도 하는데, 이를 보완하고자 미끄럼 방지를 처리한 대리석 스타일의 륨 장판이 개발되었다. 금액은 비싸지만 반려견이 미끄러져 슬개골이 탈구되는 일을 줄일 수 있으니 고려해보길 바란다.

대리석이나 돌로 아트월 만들기

그간 아파트나 주택 인테리어에서 금 에너지를 받을 수 있는 주된 공간은 장식용 타일이나 돌로 마감된 아트 월이었다. 아트 월은 넓은 공간을 장식하는 벽면 인테리어다. 예전에는 대리석을 포함해 타일, 벽돌 등 다양한 재료를 벽 장식으로 사용했지만, 요즘에는 싱크대 상판과 벽면을 색감과 질감이 같은 대리석이나 돌로 통일해 세련되고 모던하게 연출한다.

흰색 벽지나 페인트 바르기

금 에너지가 상징하는 색은 흰색이다. 이는 순수함과 단순함, 차가움과 함께 군더더기 없는 금속의 성질을 잘 나타낸다. 금 에너지를 상징하는 대표 보석인 다이아몬드와 조합해서 생각해보면 흰색은 가장 순수하면서도 화려한 색이다. 신부가 입는 웨딩드레스의 순백색도 가장 순수한 감성을 상징하는 한편 그 무엇보다 화려하게 디자인하는 것과 같은 맥락이다.

흰색으로 칠한 벽과 천장은 북유럽 스타일의 인테리어다. 흰 벽은 깨끗한 색감과 어느 소재의 바닥, 가구와도 잘 어울려 꾸준히 사랑받고 있다.

흰색은 원룸이나 오피스텔처럼 좁은 공간에서도 효과적으로 사용된다. 천장과 벽을 흰색으로 통일하면 공간이 더 넓어 보이는 효과가 있다. 하지만 흰색을 쓰더라도 자신의 에너지에 맞는 색을 가미해야 한다.[10] 예를 들어 나무 에너지가 부족하다면 초록색을 섞은 밝은 민트색을, 흙 에너지가 부족하다면 노란색을 섞은 밝은 베이지 계열의 흰색을 사용해 에너지 밸런스를 맞추는 것이 좋다.

원형 디자인 활용하기

금 에너지는 동그라미를 상징한다. 문의 형태나 도배지, 침구의 모양을 원형으로 사용하면 금 에너지를 채울 수 있다. 가장 추천하고 싶은 아이템은 원형 식탁이다. 가족이 다 함께 모이는 식탁은 모나지 않고 둥근 것이 좋다. 공간이 협소해 어쩔 수 없는 경우가 아니라면 되도록 원형의 식탁을 구비하자. 원형은 가족 간의 소통을 원활하게 해주고 화목한 에너지를 만들어준다.

폴딩 도어 설치하기

집에 발코니가 있다면 더욱 다양하게 활용할 수 있다. 최근 인테리어의 트렌드는 내부 공간과 발코니 사이에 슬라이딩 도어 대신 옆으로 접히면서 시원한 개방감을 주는 폴딩 도어를 설치하는 것이다. 폴딩 도어는 일부분만 열리는 거실 통창과 달리 원하는 만큼 개폐가 가능해 거실의 분위기를 화사하게 바꿀 수 있고, 개방감도 얻을 수 있다. 그러나 가격이 비싸고 냉난방에 취약하다는 이유로 호불호가 있다.

유리 파티션, 중문 설치하기

유리는 규사를 불로 녹여 만드는 대표적인 금 에너지 마감재다. 유리 파티션이나 중문은 공간 분리와 개방감을 동시에 충족해주는 효율적인 인테리어 구조물이다. 유리를 금속 프레임에 맞추면 디자인이 깔끔해 시간이 지나도 질리거나 튀지 않고 무엇과도 잘 어울린다.

중문이나 파티션은 공간을 분리하는 용도 이외에 현관문으로 들어오는 외부의 한기나 더위를 차단해준다. 사무 공간에서는 파티션을 정보를 알리는 알림판이나 외부 시선을 차단하여 내부 기밀이나 정보 유지 등을 위한 목적으로 쓴다.

콩자갈 깔기

요즘에는 유튜브로 셀프 인테리어를 하는 창업자들의 브이로그를 종종 볼 수 있다. 시공 비용을 절감하기 위해서나 오픈 전 홍보를 하기 위해 창업 기록을 남길 수도 있겠지만 창업자의 손으로 꼼꼼히 시공하며 자신만의 개성을 드러내기 위해 이 방법을 택하기도 할 것이다. 셀프 시공을 하는 사람들의 가게를 보면 1인이 운영하는 카페, 편집숍, 미용실 등으로 규모가 작다. 콩자갈 시공은 페인트를 칠하고 장판을 까는 것보다 시간이 오래 걸린다. 또한 자갈이 한데 뭉치는 걸 방지하기 위해 여러 번 눌러주는 작업이 필요하다. 이러니 업체에 의뢰해 평수가 넓은 공간에 콩자갈을 깐다면 비용이 많이 들 수밖에 없다.

하지만 콩자갈은 입자나 색깔을 다양하게 선택할 수 있고, 섞어서 쓸 수도 있어 평범한 타일보다 개성을 드러내기에 좋은 자재다. 한때는 바닥 한 면을 손가락 굵기의 흰색 자갈로 채워 포인트를 주는 게 유행이었다. 바닥에서 10센티미터 정도 높여 장식용 인조 잔디와 함께 꾸미면 멋스러움도 더할 수 있는데, 여기에 간접조명까지 달면 세련되고 색다른 공간을 연출할 수 있어 갤러리나 전시장 같은 곳에 많이 사용된다. 장점이 많은 자재라서 그런지 최근에는 아파트 베란다에 타일이나 데크 대신 아주 작은 크기의 콩자갈을 깔아 집을 꾸미는 사람도 많아졌다.

단, 조심해야 할 것이 있다. 콩자갈은 에폭시를 섞어 쓰기 때문에 바닥이 몹시 미끄러운 편이어서 물이 많이 닿는 곳이라면 사용하지 않는 게 좋다. 또한 밝은 색상의 콩자갈은 오염에 취약하며 청소하기도 어렵다. 이런 점을 고려해 적당히 어두운 색을 골라 쓰길 바란다.

부족한 금 에너지를 채우는 소품

금 에너지를 채우는 소품 활용법

역사는 후대를 사는 우리 삶에 많은 영향을 미치며 역사와 함께한 시간은 금 에너지와 연결된다. 금 성질은 차갑고, 냉정하고 정확하여 한 치의 오차도 없이 정확하게 공간 에너지의 흐름을 정리하는 능력이 있다. 만약 자신의 사주에서 금 에너지가 부족하다면 금 에너지가 깃든 소품을 두어 결실을 만드는 데 집중해야 한다. 이때 가장 추천하고 싶은 소품은 단연코 시계다. 시간을 표현하는 숫자와 금속 재질의 시계는 무엇보다 금 에너지를 채워주는 가장 좋은 아이템이다.

원형 액자, 거울

금 에너지를 표현하는 색상과 원형이 합쳐지면 더욱 좋은 에너지 보충 아이템이 된다. 거울도 그중 하나다. 요즘에는 현관이나 화장실에 간접등으로 쓰는 원형 거울을 많이 볼 수 있는데, 이런 거울은 공간에 부드러움과 세련미도 더해준다.

정사각형이나 직사각형 일색이었던 전자제품에도 공기 청정기나 가습기, 에어컨 등을 위주로 원형 디자인이 많이 도입되고 있다. 이러한 원형의 전자제품들도 잘 활용하면 금 에너지를 얻을 수 있는 좋은 아이템이다.

금속 재질의 탁상 시계

유명한 자동차 딜러에게 인테리어를 의뢰받은 적이 있다. 그가 강조한 인테리어 포인트는 소음 차단과 동선 분리였다. 차음판을 쓰면 어느 정도 소음을 줄일 수 있지만 의뢰인은 차음 패널이 가벼워서 싫다고 했다. 오래 고민한 끝에 한 벽면을 스펀지와 천으로 감싼 패브릭 보드로 마감하여 소음을 차단했다. 이후에도 그는 정확하고 꼼꼼하게 본인이 원하는 인테리어 콘셉트를 얘기했다. 나는 의뢰인이 요구하는 방식이나 정확도를 보았을 때 그는 금 에너지의 사람이라 확신했다. 그러나 정작 그는 금 에너지가 하나도 없는 무금 사주였다. 금 에너지가 없는 사람이 어떻게 금 에너지의 특징을 지니고 있었을까. 그건 바로 그가 수집한 탁상용 시계 덕분이었다. 의뢰인은 해외여행을 하거나 출장을 갈 때면 기념품처럼 시계를 사서 집에 전시해두었다.

세계적으로 유명한 CEO의 서재나 집무실 책상에는 반드시 금속 시계가 놓여 있다. 시계는 신뢰가 기반인 사업에 꼭 필요한 생활용품이자 대표적인 금 에너지 소품이다. 특히 금속 재질에 둥근 모양의 시계는 금에 금을 더하는 격이므로 더욱 좋다.

철제 가구

스테인레스는 불 에너지가 너무 많거나 금 에너지가 없는 사람에게 좋은 오행 에너지의 순환을 만들어준다. 요즘에는 목재와 금속을 혼합한 가구가 생산되고 있다. 이질적일 것 같지만 유려하게 가공된 금속은 플라스틱이나 목재와 의외로 잘 어울리는 편이다. 화이트 인테리어와 조합이 잘 맞는 검은색 철제 다리나 금속으로 일체화된 가구도 많아졌다.

우리나라에서 금속 프레임 침대는 인기가 없다. 그러나 주물이나 철판은 다른 마감재에 비해 유려함과 내구성에서 월등히 뛰어나다. 머리가 닿는 부분이 신경 쓰인다면 큰 쿠션이나 베개를 두어 침대 머리 부분을 가려주면 된다. 자녀에게 불 에너지가 많다면 금속 침대 프레임이 불 에너지를 완화하는 데 도움이 된다.

수년 전 유행한 인더스트리얼 스타일 인테리어에서는 금속으로 된 가구나 소품을 썼지만, 유행이 지나면서 원목 가구가 다시 인기를 끌고 있다. 그러나 최근에는 1950~1960년대에 유행했던 미드 센추리 스타일의 철재와 컬러 아크릴판, 낡은 느낌을 주는 채도나 색감의 의자, 소파, 러그 등이 젊은 층의 지지를 받아 기세를 확장하고 있다. 금속 선반, 금속 커버의 조명, 금속 캐비닛도 공간에서 금 에너지를 만드는 인테리어 제품이다.

알루미늄 블라인드

채광 조절용으로 많이 사용하는 롤스크린 대신 금속으로 된 알루미늄 소재의 블라인드를 사용하면 금 에너지의 순환에 도움을 준다. 알루미늄 재질의 블라인드는 채광 조절뿐만 아니라 여름철 열기 차단에도 효과적이다. 만약 롤스크린을 사용해야 한다면 흰색을 추천한다.

흰색 침구, 커튼

흰색의 시원함과 청결함, 세련된 느낌 덕분에 고급 호텔에는 흰색 침구류를 많이 쓴다. 그러나 관리와 유지가 어렵고 너무 싼 재질은 쉽게 마모되거나 훼손되므로 되도록 적당한 두께와 재질의 제품을 사용해야 한다.

흰색 커튼은 간접조명의 역할을 하고, 얇고 부드러운 흰색 속커튼은 신비로움과 세련된 공간을 만들어준다.

부족한 금 에너지를 채우는 생활 습관

생활 습관으로 금 에너지를 채우는 방법

금 에너지를 채우고 싶다면 새로운 에너지를 만드는 활동이 무엇인지 생각해보고 실천하면 된다. 예를 들어 내가 원하는 것, 갖고 싶은 것의 목록을 만들거나 특정 목표를 달성하기 위해 실현 가능성 있는 계획을 세우는 일 말이다. 일을 시작하기 전 마음을 비울 수 있는 운동이나 취미를 갖는 것도 도움이 된다. 단, 이런 일이 일회성으로 끝나면 안 된다. 금 에너지는 특정 행동을 반복할 때 발생한다는 점과 평생 습관처럼 몸에 지녀야 함을 잊지 말자.

명상하기

명상은 몸과 마음을 비우고 새로운 에너지를 받아들이는 활동으로 금 에너지를 만들기에 적합하다. 특정 종교인만이 수행의 한 과정으로 명상을 할 것 같지만 스티브 잡스를 비롯한 유명인과 세계 유수 지도자도 자신이 원하는 것을 구하고 지혜를 얻기 위해 명상을 한다고 말했다. 그러니 평범한 사람은 할 수 없다는 선입견은 버리고 무언가 시작하기 전 정신적인 부분을 정리하는 의미로 명상을 시작해보자.

글쓰기, 일기 쓰기

글쓰기는 금 에너지를 만드는 좋은 방법이다. 그날 하루를 정리하는 일기나 아이디어를 글로 표현하는 글쓰기도 좋고, 의식의 흐름대로 쓰는 글도 괜찮다. 나처럼 자신의 경험을 바탕으로 책을 써도 좋다.

글을 쓰면 내면에 숨어 있던 생각과 경험이 질서정연하게 움직이면서 자신을 객관적으로 바라볼 수 있게 된다. 또한 추억이나 생각, 현재 일어나는 일, 가족, 돈, 명예 등 다양한 주제를 글로 옮기다보면 자신의 관심사, 목표, 생각 등 나에 대해 많은 것을 알게 된다. 그러면 목표를 세우거나 계획을 짜기 좋으며 결과도 수월하게 얻을 수 있다.

『노인과 바다』를 쓴 헤밍웨이는 글쓰기에 대해 이렇게 말했다. “모든 문서의 초안은 끔찍하다. 글은 죽치고 앉아서 쓰는 수밖에 없다. 나는『무기여 잘 있거라』를 마지막 페이지까지 총 39번이나 새로 고쳐 썼다." 글쓰기에는 꾸준함이 필요하다. 아무리 유명한 작가라도 하루아침에 좋은 글을 쓸 수는 없다. 거창한 글쓰기가 아니더라도 가볍게 내 생각을 글로 정리하는 시간을 만들어보자. 꾸준함을 연습하는 기회가 될 것이다.

맨손체조, 스쿼트

반복적인 행동은 금 에너지를 상징한다. 반복 행동에는 운동만 한 게 없다. 가장 추천하는 운동은 맨손체조이며 그중에서도 스쿼트는 하체 단련에 효과적이다. 전직 스포츠 강사의 말에 따르면 우리 몸을 지탱하는 하체의 근력은 매우 중요하다고 한다. 스쿼트는 부족한 하체에 에너지를 보충하고, 체력을 키우는 데 도움을 준다.

꼭 스쿼트가 아니더라도 팔굽혀펴기처럼 매일매일 꾸준히 할 수 있는 간단한 운동도 좋다. 아령 같은 작은 쇠붙이를 들고 팔 힘을 기르는 것도 금 에너지를 높이는 데 도움이 된다.

자기 계발

영국과 미국은 금 에너지의 나라다. 그래서 영어를 배우는 것도 금 에너지를 만드는 데 도움이 된다. 하루에 한 문장, 한 단어씩이라도 꾸준히 공부하는 습관을 들여보자. 요즘은 평생 회원제 프로그램이나 66일 동안 습관을 들이면서 영어를 공부하는 프로그램

도 있다.[11]

또한 금 에너지는 재물 중에서도 땅과 부동산을 상징하니 부동산이나 경매 등을 공부하면서 금 에너지를 만드는 것도 좋다.

금속 액세서리

액세서리는 금 소재의 반짝이는 제품이나 보석을 추천한다. 액세서리를 좋아하지 않는다면 네일아트를 받거나 휴대폰 케이스를 바꾸거나 키링 같은 소품을 금 에너지에 맞는 것으로 골라 갖고 다니자.

요리

주방은 금 에너지가 많은 장소다. 이곳에서 칼, 알루미늄, 스테인리스, 주물 냄비 같은 금속 재질의 도구로 요리를 하면 금 에너지가 상승된다.

또한 주어진 레시피대로 요리를 만들어내는 것도 정해진 일을 완벽하게 마무리하는 금 에너지와 통한다. 계량기, 계량컵 등을 의식적으로 사용해주는 것도 좋다. 매운맛의 요리는 금 에너지를 더욱 높여주므로 매운맛과 관련한 레시피를 개발해보자.

여행지 선택

금 에너지를 채우기 위해 여행할 때는 바위가 있는 산이나 오일장 중에서 4·9일 장이 열리는 곳이 좋다. 특히 전라도 지역은 금 기운이 가장 센 곳이다.

또한 금을 상징하는 겨울 여행도 좋고, 금 에너지를 상승시키는(토생금) 겨울 산에 가는 것도 좋다. 단, 겨울 여행은 눈과 얼음 등의 위험요소가 많으므로 장비를 잘 챙겨서 떠나도록 한다.

부족한 금 에너지를 채우는 직업 및 인간관계

직업 및 인간관계로 금 에너지 채우는 방법

결실이나 결과를 나타내는 데 가장 중요한 금 에너지는 일이나 인간관계와 밀접한 관련이 있다. 금 에너지가 부족하면 직업 환경이나 인간관계에 악영향을 미치므로 무슨 방법을 동원해서든 꼭 채워야 한다.

금 에너지는 단단하다. 즉, 금 에너지가 있을 때 성품이 단단해진다는 뜻이다. 금 에너지가 많아지면 주변에 흔들리지 않고 원하고 바라는 것에 집중하게 된다.

나에게 없거나 부족한 에너지를 만들어내는 일은 생각과 행동에 변화를 주어야 하므로 꽤 어렵다. 그러나 천릿길도 한 걸음이라는 생각으로 천천히 루틴을 만들다보면 부족한 에너지가 채워지고 운이나 부를 이루는 데 문제가 없을 것이다.

적성 및 직업

금 에너지처럼 단단하고 강하면서도 똑 부러지는 성격에는 정확한 데이터를 요구하는 직업이나 인내력과 끈기, 강력한 체력을 요구하는 운동선수가 잘 맞는다.

금 에너지는 어느 분야에서나 결실을 맺는다. 사주에 금 에너지가 없다면 적극적으로 보충해야 사회생활의 결과와 재물을 얻을 수 있다.

창업에는 수많은 아이디어와 치밀한 계획이 필요하다. 이를 바탕으로 결과를 만들어내기 위해 수많은 시행착오를 거친다. 어마어마한 시간과 자본이 투입되는 창업에는 금 에너지처럼 계획적이고 끈기 있는 에너지가 필수적이다. 기회가 된다면 사소한 아이템이라도 창업을 시도해보는 것이 좋다.

전공	
사회계열	법학, 사회학
공학계열	기계공학, 금속학, 섬유공학, 산업공학, 항공공학, 재료공학, 자동차학, 치기공학, 세공학
의학계열	의예과, 한의예과, 간호학과, 치위생학
예체능계열	체육학
기타	경찰학, 육군사관학, 공군사관학, 해군사관학

직업	
전문직	판사, 검사, 변호사, 의사, 한의사, 치과의사, 치기공사, 건축가
서비스직	요리사, 헤어 디자이너, 헬스 트레이너, 웨딩플래너
판매직	보석상, 양조·주류 판매상
농업, 어업	어부, 양어장·양조장 운영, 조경업
학자	과학자, 철학가
기술직	금속 기술자, 기계 기술자, 세공사, 철도업 종사자, 조종사, 선박 기술자, 수도 관련 기술자, 컴퓨터 디자이너
군인	군인
기타	종교인, 정치인, 경찰, 소방사, 연예인, 방송인, 작가, 운동선수, 역술인, 사회운동가

인간관계

금 에너지가 필요한 사주라면 금 에너지나 흙 에너지가 강한 사람들과 자주 어울려야 한다. 특히 자신보다 어른이나 연장자와 자주 교류하는 게 좋은데 사주에 금이 없으면 절제력이 떨어지기 때문에 윗사람에게 불성실하게 보일 수 있기 때문이다. 또한 거절하는 법도 배워야 한다. 다른 사람의 말에 휘둘리지 않도록 가능한 금 에너지가 많은 사람을 친구나 배우자, 애인, 사업 파트너나 지인들을 금 에너지가 강한 사람으로 채운다.

금 에너지가 부족하면 인간관계에서 맺고 끊음이 확실하지 않아 손해를 보는 경우가 많다. 판단력과 분별력이 떨어져 사기를 당하거나 잘못된 동업자를 만나 실패를 보는 경우도 있다. 가장 효과적인 방법은 애인이나 동업자, 친구 등을 사귈 때 나의 부족한 에너지를 보완하는 사람인지 파악해 의도적으로 관계를 맺는 것이다. 미혼자는 금 에너지가 2개 정도 있는 배우자를 선택하면 재물이 흩어지거나 분별력이 떨어지는 성향을 보완해준다.

사주의 구성을 잘 살펴서 다른 오행으로 나쁜 기운을 빼고, 살리는 기운을 더해주는 것은 중요하다. 사람과 사람의 만남이 항상 원하는 대로 이루어지는 것이 아니기 때문에 미리 서로에 대해 알고 시작한다면 이후 결과에서 큰 차이를 만들 수 있다. 긴 삶의 여정에서 서로를 힘들게 하거나 아이에게 상처를 주어 후회를 안고 살아가지는 말자. 상대방의 에너지 특성을 알고 시작한다면 서로를 이해하는 데 큰 도움이 될 것이다.

부족한 금 에너지를 채우는
오감 밸런스

오감으로 금 에너지 채우는 방법

전국의 내로라하는 유명한 전통 시장의 오일장은 열리는 날짜가 정해져 있다. 내가 자주 방문하는 양평의 5일장은 3, 8이 들어가는 날에 장이 선다. 이 외에도 4나 9일 혹은 5나 10으로 오일장이 열리는 곳도 있는데, 이렇게 오일장별로 숫자가 달라지는 것은 풍수와 관련된 오행 에너지 때문이다.

오일장은 전국에서 각양각색의 기운을 가진 사람들이 특정 공간에 모이는 날이므로 아무 사고 없이 장이 열리려면 그 지역의 특성과 날짜(숫자)가 얼마나 잘 어우러질 수 있는지가 중요하다. 그래서 금 에너지가 가장 강한 땅에서 오일장이 열릴 때는 지금도 4와 9일로 날짜가 결정된다. 즉, 금 에너지를 상징하는 4와 9의 숫자를 이용해 지역의 큰 행사인 오일장이 무사히 끝나도록 기원하는 것이다. 4, 9일장이 열리는 대표적인 곳으로는 전남 나주가 있다.

색

금의 속성을 가진 흰색은 청순함과 순결, 신성함과 고귀함 등을 내포한다. 흰색은 검은색과 대비되는 색으로 빛, 밝음, 진실 등의 의미로도 쓰인다. 우리나라가 백의민족으로 오랫동안 흰색을 사랑하고 또한 가장 많이 사용했던 것은 우리의 민족성과도 관련이 있다. 우리 민족이 백의를 사랑했다는 근거는 여러 기록에 남아 있는데, 《송사宋史》에 기록된 것을 보자면 고려 사람들이 신분과 관계없이 흰옷을 선호했음을 알 수 있는 내용이 있다. 이 외에도 《삼국지三國志》의 부여夫餘편과 신라편에서는 풍속을 헤쳤을 때 죄수에게 입히는 옷은 흰색이라고 나와 있다.

간혹 '구한말 조선시대에는 가난 때문에 염료를 구매할 돈이 없어 흰옷을 입고 살았다'는 이야기가 있는데 조선 이전 고려, 신라, 고구려, 부여에서도 흰옷을 선호하거나 자주 입었다는 기록이 있으니 이는 역사적인 근거를 바탕으로 한 사실이 아니다.[12]

색채학은 서양에서 시작되었지만 우리나라 고전에도 색에 대한 여러 가지 표현이나 상징이 묘사되어 있다. 1123년, 송나라 휘종 때 고려국 신사 일행인 서긍이 송도에 다녀간 경과를 글과 그림으로 엮은 《선화봉사고려도경》이라는 사행 보고서에는 의식주에 관련된 색채에 대한 기록이 남아 있다.《조선왕조실록》에는 태조에서 철종까지 복식 규정, 색채 규정 등이 왕명에 의해 기록되어 남아 있다. 특히 백색의 옷을 금지한 '백의 금지령'에 대한 내용 또한 언급되었다.

금 에너지를 상징하는 흰색을 속옷과 잠옷, 침구류, 외투나 가방, 신발 또는 그외에 자신이 아끼는 소품에 적용하면 금 에너지를 채우기 좋다. 휴대폰의 액정 화면이나 컴퓨터 화면을 흰색으로 하는 것도 좋은 방법이다.

흰옷 하면 떠오르는 인물이 있다. 우리나라 패션의 한 획을 그었던 앙드레 김이다. 항상 흰색으로 자신을 치장하며 화이트 컬렉션을 만들 만큼 흰색에 집착했던 그는 어머니의 죽음과 흰색에 연결 고리가 있다고 고백했다. 자신에게 세상에서 가장 깔끔한 흰색의 옷을 입혀주셨던 어머니의 성향을 이어받아 자신의 스타일에 맞게 디자인으로 승화시킨 것이다. 그는 예술적인 끼에 반대되는 금 에너지를 갖고 태어났지만 자신만의 예술 세계를 완성했다. 경금 일주로 태어난 그가 자신의 분야를 확립하고 시대 흐름에 우뚝 섰다는 것은 결실과 결과를 만드는 성향이 한몫했을 것이다.

방향과 숫자

금 에너지는 서쪽을 상징하므로 침대 머리나 자리를 배치할 때 서쪽을 향하게 하면 좋다. 이사나 사업장 선정 시에 서향을 선택하는 것도 좋은 방법이다.

자동차 번호나 전화번호, 자주 쓰는 비밀번호에 4와 9를 조합하는 것도 금 에너지 상승에 도움이 된다. 금속 목걸이, 금속 시계 등을 몸에 지니고 집에는 수석 등 장식용 돌을 거실에 두는 것도 좋다.

패션

흰색과 함께 금색도 금 에너지를 대표하는 색이다. 금색은 부드럽고 이지적이며 차분한 느낌을 준다. 또한 친근함과 편안함을 느낄 수 있으며 모든 것을 포용하는 듯한 깊이감도 있어 남녀노소 누구에게나 호감을 주는 색이다.

금색을 사용하기 좋은 곳은 머리카락과 눈동자다. 만약 머리를 짙은 금색으로 염색하고, 컬러 렌즈를 사용해 갈색 눈동자를 표현한다면 고급스러운 이미지를 자아낼 수 있다. 금색은 구리색, 카멜색, 카키색, 복숭아색, 올리브 그린과도 잘 어울린다. 청회색, 청보라 등과는 어울리지 않으니 피하는 게 좋다.

메이크업은 아쿠아 그린이나 자연스러운 베이지 계열을 베이스로 사용한다. 색 없이 유분기만 잡아주는 파우더로 마무리하거나 오렌지 계열 파우더로 가볍고 산뜻한 피부를 표현한다. 볼 터치는 파우더 색과 비슷한 베이지 산호 오렌지나 브라운 계열을 선택하는 게 좋고, 색감을 강하게 사용하지 않는 요즘 메이크업에는 가능한 부드러운 펄이 섞인 그린이나 옐로 베이지 등을 혼합해 눈과 눈동자의 깊이감을 더한다. 금 에너지를 보충하려면 뚜렷하게 입매를 표현하는 게 중요하다. 산호나 피치 브라운, 와인, 레드 브라운이 가미된 색상의 립스틱을 활용해보자.

헤어스타일은 앞서 말했던 짙은 황색으로 헤어스타일을 표현해도 좋고, 레드 브라운, 블랙 브라운 등으로 염색을 해도 좋다. 부드러운 이미지를 만드는 것이 우선이므로 일자로 뚝 떨어지는 펌, 짧은 커트는 피하고 자연스러운 웨이브가 들어간 펌을 해보자.

타투를 하고 싶다면 닭이나 원숭이를 상징화한 일러스트나 숫자 4와 9를 디자인한 그림이 좋다.

금 에너지 향수로는 쇠의 날카롭고 비릿한 향이 알맞다. 톱 노트는 화학 약품, 베이스 노트는 나무 계열로 마무리되는 르 라보의 '어나더13', 촉촉한 장미 향이 나는 르라 보의 '로즈31', 약간 찌릿한 화학 향에 감초 향과 과일의 잔향이 있는 에르메스의 '에르메상스-로즈 이케바나', 장미 향이 느껴지는 세르주 루텐의 '라 휘드 베흘랑' 등을 추천한다.

의상은 단순한 장식과 패턴, 색상의 깔끔한 정장이나 슈트가 좋다. 재킷 종류도 허리가 들어가거나 벨트를 묶는 스타일보다 H라인으로 떨어지는 것이 좋으며 깃이 너무 넓지 않은 기본 스타일을 추천한다. 흰색 바탕에 잔잔한 패턴이 들어간 악어가죽 가방이나 적당한 높이의 힐을 활용해도 좋다.

보석은 다이아몬드처럼 빛나는 투명한 결정체나 흰색의 원석인 백자개, 상아, 옥, 은, 플래티늄, 기타 금속을 가공해서 만든 액세서리 종류도 좋다.

취미

생각을 많이 하거나 생각할 시간을 충분히 갖은 뒤 결과를 만들어내는 과정은 금 에너지에 속한다. 이런 특성을 반영한 취미로는 바둑, 장기, 낚시를 예로 들 수 있다. 금 에너지가 부족하다면 생각하고 기다렸다가 결과를 얻어내는 취미를 가져보기 바란다.

예술작품

금 에너지를 얻을 수 있는 예술작품으로는 잭 베트리아노의 〈사랑이 끝날 때까지 춤을 추다Dance Me to the End of Love〉, 구스타프 클림트의 〈헬러나 클림트의 초상Portrait of Helene Klimt〉, 클로드 모네의 〈마담 모네와 아들, 산책Woman with a Parasol-Madame Monet and Her Son〉이 있다.

영화로는 〈러브레터〉, 〈세 가지 색 : 화이트〉, 〈화이트 온 화이트〉, 〈포스 마쥬어 : 화이트 베케이션〉 등이 있다.

화이트 푸드

흰색 채소에 포함된 플라보노이드flavonoid 계열인 안토잔틴

anthoxanthin 색소는 여성의 갱년기 증상을 완화하고, 콜레스테롤 수치를 낮춰 심장병을 예방한다. 이것은 바나나, 배, 복숭아, 마늘, 양파, 버섯, 도라지, 감자 등에 많이 포함되어 있는데 특히 양파와 마늘은 혈중 콜레스테롤 수치를 낮추고, 고혈압과 동맥경화 예방에 도움을 줘 기름을 많이 사용하는 중국 음식에서도 자주 쓰는 재료다. 위궤양 치료에 탁월한 효과가 있는 양배추는 세계 3대 장수 음식으로 꼽힌다.

금 에너지를 채우는 가장 완벽한 음식은 매운 닭요리다. 금 에너지를 상징하는 닭과 매운맛이 모두 들어가 양질의 금 에너지를 취할 수 있다.

1장. 부는 밸런스가 결정한다

1 〈스타벅스, 커피 1잔으로 때우려다 '364일치' 물어준다〉, 《머니S》, 장영락 기자, 2017.05.25.

2 『The Secret 시크릿』(론다 번 지음, 살림Biz, 2007)

3 〈스타특강SHOW-박신양 편〉, 《tvN》, 2012.02.04

4 티스토리 '월지는 내 삶의 환경이자, 사회생활의 출발점이다'(malgeunnal.tistory.com/385)와 블로그 '십신의 사주 위치에 따른 해석'(blog.naver.com/consul24029/222086879840)를 참고했다.

5 『나는 까칠하게 살기로 했다』(양창순 지음, 다산북스, 2016)

6 『명리심리학』(양창순 지음, 다산북스, 2020)

7 『TRUMP』(Donald J. Trump, Thomas Nelson, 2012)을 참고했다.

2장. 부는 밸런스가 결정한다

1 논문 〈사주의 오행분포가 성격형성에 미치는 영향〉(손연숙, 국제문화대학원대학교, 2008)을 참고했다. 다른 오행 에너지에도 참고했다.

2 『세계의 엘리트는 왜 명상을 하는가』(와타나베 아이코 지음, 반니라이프, 2017)

3 논문 〈직업적성에 대한 사주명리학적 연구〉(심광숙, 대구한의대학교, 2018)을 참고했다. 다른 오행 에너지에도 참고했다.

4 블로그 '내게 맞는 오행 향수 찾기, 향수 개운법(url.kr/shki3d)'을 참고했다. 다른 오행 에너지에도 참고했다.

5 논문 〈음양오행사상과 사계절 컬러론의 색채를 바탕으로 한 이미지 스타일링에 관한 연구: 메이크업과 헤어 스타일을 중심으로〉(윤희, 조선대학교 디자인대학원, 2004)를 참고했다. 다른 오행 에너지에도 참고했다.

6 논문 〈명리학적 관점에서 본 本草의 활용방안 연구〉(김정은, 공주대학교 대학원, 2018)을 참고했다. 다른 오행 에너지에도 참고했다.

7 논문 〈인간의 이중성을 가면에 투영한 금속조형연구〉(김문정, 부산대학교 대학원, 2021)을 참고했다.

8 논문 〈영화에서 빨강의 상호작용적 의미: 집중과 확산〉(김종국, 백석대학교, 2017)을 참고했다.

9 논문 〈영화의 초록, 생명과 물질〉(김종국, 백석대학교, 2017)을 참고했다.

10 논문 〈사주명리와 풍수 이론을 응용한 실내공간 색채 구성에 관한 연구: 오방색을 중심으로〉(박선영, 東方文化大學院大學校, 2020)을 참고했다.

11 『영어독립 365』(영어독립단어 콘텐츠팀, 상상스퀘어, 2022)을 출간한 뒤 '#66챌린지X영어독립365'라는 단톡방을 운영해 영어 공부 습관을 만들 수 있게 독려했다.

12 한국색채학회논문집 〈조선시대 고문헌에 나타난 한국의 전통색명 연구〉(박미선·문은배, 홍익대학교·청운대학교, 2015)를 참고했다.

돈, 운명을 내 것으로 만드는 다섯 개의 힘

부의 운 밸런스

초판 1쇄 인쇄 2022년 8월 26일
초판 1쇄 발행 2022년 9월 5일

지은이 엄서영

대표 장선희 **총괄** 이영철
책임편집 정시아 **교정교열** 조유진
기획편집 이소정, 한이슬, 현미나
마케팅 최의범, 강주영, 김현진, 이동희 **경영관리** 김유미
디자인 김효숙, 최아영 **외주디자인** 프롬디자인(@fromdesign_studio)
일러스트 김혜련(@greenut90)

펴낸곳 서사원 **출판등록** 제2018-000296호
주소 서울시 영등포구 당산로54길 11, 상가 301호
전화 02-898-8778 **팩스** 02-6008-1673
이메일 cr@seosawon.com
블로그 blog.naver.com/seosawon
페이스북 www.facebook.com/seosawon
인스타그램 www.instagram.com/seosawon

ISBN 979-11-6822-093-5 03190